Achim Parterre
Im Säli

Achim Parterre
Im Säli
Heimatgeschichten

Cosmos Verlag

Alle Rechte vorbehalten
© 2014 by Cosmos Verlag, CH-3074 Muri bei Bern
Lektorat: Roland Schärer
Umschlag: Stephan Bundi, Boll
Satz und Druck: Schlaefli & Maurer AG, Uetendorf
Einband: Schumacher AG, Schmitten
ISBN 978-3-305-00448-5

www.cosmosverlag.ch

Chalet Malaysia

Wahnsinn, het der Roland gseit, absolute Wahnsinn sig di Stadt, di Grössi, di Witi u di unändlech vile Hüser, Millione vo Mönsche, Kuala Lumpur sig eimalig, sig faszinierend u der Lift uf e Petronas Tower choschti umgrächnet nume sächs Franke füfesibezg un es lohni sech, u zwar zu jeder Tageszit, am Aabe ds Liechtermeer, Liechter bis a Horizont, u dür e Tag heigsch Ussicht, Ussicht fasch bis Singapur. U der Roland het der Finger uf d Charte gleit, öb das öppe chönn stimme mit der Ussicht, Kuala Lumpur–Singapur isch uf der Wäutcharte grad e Fingernagubreiti gsi, u de het er si Finger uf d Schwiz gleit, chunnt öppe häre, het er gseit, gschetzti zwöihundert Kilometer, vom Säntis bis a Bodesee, u dass me bi schönem Wätter vom Säntis uus der Bodesee gseht, het er vonere Schueureis gwüsst, u de ischs doch klar, dass me bi gueter Sicht vom Petronas Tower z Kuala Lumpur bis uf Singapur gseht. U Malaysia sig schön, landschaftlech reizvou u gaschtfründlech, üsserscht gaschtfründlech sig der Malaysier, da chönn sech der Oberländer e Schiben abschnide dervo, aber är wöu meh gseh aus Malaysia, wen er scho mau dert unge sig, di buddhistische Tämple vo Thailand u när z Fuess quer dür d Pampa vo Laos, übere uf Vietnam u mit der Rikscha nidsi bis Ho-Chi-Minh-Stadt.

 Z Adubode hets aafa iidunkle u d Lydia het am Roland e Tasse Tee uf e Tisch gsteut u är söu doch itz o ga schlafe, es sig scho spät u morn am Morge früe wöue si doch zäme uf ds Eusighorn u är söu itz di Wäutcharte versorge u d Füfezwänzgtuusiger parat mache u är chönn de morn am Aabe wider uf Malaysia oder Indonesie oder minetwägen uf Ouschtralie, aber itz sige si gäng no z Adubode im Chalet, u är söu bis so guet nid vergässe, ds Liecht ir Stuben abzdrääje, wen er i ds Bett chöm.

Der Roland het si Tee trunke, u bevor er isch ga schlafe, isch er no schnäu, nume ganz schnäu, u ohni dass es d Lydia gmerkt hätt, uf Kambodscha übere. Vo Ho-Chi-Minh-Stadt uus e Chatzesprung, het sech dert uf emne Boot der Mekong la abetribe u isch no hurti d Tämpuaalage vo Angkor ga aaluege, u wo d Lydia grüeft het, öb er no lang heig, het er no uf Borneo abegschilet u sech gfragt, win er am beschte derthäre chiem, mit em Flüger oder mit der Fähri, aber klar, ersch morn, u de isch der Roland ändlech o i ds Bett.

Churz vor em Iischlafe het er d Lydia gfragt, öb si nächschts Jahr nid vilech einisch wette zämen e Reis mache, einisch über d Schwizer Gränzen uus, mau öppis Nöis gseh statt gäng uf Adubode, zwänzg Jahr Adubode, Cholereschlucht u Ängschtligebach, Flueweid, Lavey, Bunderchrinde. Öb si zwöi nid vilech einisch, es müesst ja nid grad Indonesie si, zwüsche Adubode u Jakarta gäbs no viu, ganz viu, u klar sig das Reise müesam, klar sig das aasträngend u heiss u schwitzisch u schlächti Busverbindige u Durchfau u Diebstaau u niemer cha Änglisch u ds Wasser gruusig u Malaysia sig nid Adubode un e Bungalow kes Chalet, aber si söu sech mau vorsteue, was me dört chönn gseh, was me dört chönn erläbe, e totau angeri Wäut sig das, di Grüch u di Grüüsch u das Liecht u di Flüss u di Rägewäuder.

Südtirol, het d Lydia gseit. Das sig ihres letschte Aagebot.

D Richtig stimmt, het der Roland dänkt u het de ändlech chönnen iischlafe.

Kranfüerer

Dert obe hockt er, zmitts im Himu, der Kranfüerer, wit über der Bousteu, über auem Ghetz u Lärm, alei i sire Kabine, wit über der Wäut. Vo sine Kollege gseht er nume d Heume, gäubi oder roti Pünkt oder mängisch en Arm. U de ruuschet ds Funkgrät, är ghört en Aawisig, är söu der Kranarm übereschwänke, warte, abe, guet. U de isch wider Rue. Ds Kabinefänschter isch zue, d Klimaalag iigschaute. Der Kranfüerer ghört nüt dert obe, es isch stiu u rundume nume blau, nüt aus blaue Himu.

Am Morge isch der Kranfüerer der Erscht uf der Bousteu. S isch no niemer da, wo salü seit, niemer, wo fragt, öb me zwäg sig u öb men es guets Wuchenändi heig gha, niemer, wo eim e schöne Tag wünscht, u är stigt uf si Kran. Leit sis Ruckseckli aa, bschliesst ds Töri zur Kranstäge uuf u stigt ii. Stigt ii i ds Kranstägehuus, i Kranchäfig, i si gäub Eifuturm u stigt d Stäge uuf, chlätteret d Leitere z düruuf, gäng witer, itz hätte mir scho nes komischs Gfüeu im Buuch, füf Meter über em Bode, rundume nüt aus es paar Isestange u viu Luft, är stigt witer z düruuf, bi zäh Meter isch d Wäut scho sehr wit ewägg, itz gieng nume no der Muetigscht vo üs witer, bi vierzäh Meter chunnt e Windböe, u der Muetigscht vo üs würd itz möögge, wiu er ds Gfüeu hätt, der Kran ghei um u schriiss ihn mit u dä gäub Chäfig wärd sis Grab. Sini Chnöi wäre weich wi Anke, är würd nümm schnuufe, si Chopf überchiem z wenig Suurstoff, es würd em schwarz vor den Ouge, är überchiem Panik, nume nid ohnmächtig wärde, nume das nid, we d itz ohnmächtig wirsch, gheisch di ganzi verdammti Stägen abe, u är würd sech a den Isestäb feschtchlammere, sini Chnödli würde wiiss wärde, der Schweiss würd em abeloufe, är chiem nümm füretsi u nümm hingertsi, wär blockiert u wahrschiinlech müesst itz en Arzt ufechlättere mit emne Valium im Rucksack, das chönnt de aber nid eifach der Husarzt, wiu däm würds scho bim dritte Meter trümlig, das bruuchti e Regaarzt u das chiem tüür.

U der Kranfüerer stigt witer, luegt weder abe no ufe u nimmt d Windböe nid wahr. U wen er uf füfezwänzg Meter Höchi i d Kabine stigt u d Tür hinger sich zue tuet, isch es stiu u är mit sich alei, u das isch es, wo ihn jede Tag gäge ds physikalische Gsetz vor Schwärchraft wider i di Kabine ufeziet: die Rue. Är ghört nüt vo sine Kollege am Bode, kennt ihri Witze nid, kennt ihres Radioprogramm nid, weis nid, was si zum Zmittag ässe, wär gärn Schinkesandwiches het u wär lieber Salami, weis nid, wele Chef e Löu sig, was YB geschter gmacht het u was di dütsche Iseleger verdiene. U är weis, dass är das nid weis, u är isch froh drum. Isch froh, chan är am Morge früe uf si Kran stige, i sini Kabine u der ganz Tag alei füfezwänzg Meter über der Ärde si. Är packt am zwöufi si Rucksack uus, aber niemer weis, was dert inn isch, niemer het je am Kranfüerer sis Zmittag gseh, niemer weis, öb er e Frou het, wo ihm am Morgen e Thermoschrueg mit früschem Gaffee füut u nem es Zmittag iipackt. Öb er Ching het, wo ne frage, was er hütt gseh heig vo dert obe u öb er de Chrääje gäng no der Chäsrouft härelegi u öb si nem itz us der Hang frässi. Öb er d Dampfwouche vo Gösge heig gseh u der Chasseral u öb morn ds Wätter guet wärdi.

Der Kranfüerer hockt ir Kabine i sim Kran. S isch Morge früe. Uf der Bousteu no ke Mönsch. S isch rueig u fridlech, d Wäut isch wit ewägg u rundume nüt aus blaue Himu.

Dreiefüfzgi

Lue da, het mini Grossmueter gseit: Itz chöme si wider, itz schwärme si wider uus, üsi Seniore. Scharewiis chöme si, di Aute, u hei ds Gfüeu, si müessi aui am erschte warme Früeligstag ga wandere. Flächedeckend stöh si uf de Perron ume, füue d Bahnhofshaue, verstopfe d Stäge, schlö unschuldige Passante ihri Wanderstöck a ds Schinbei u blockiere der Bilieoutomat.

Dass si autersmässig genau zu dene ghört, wo si sech so gärn drüber ufregt, isch kes Thema gsi. Me sig so aut, wi me sech füeli, het mini Grossmueter gäng gseit, u si füeli sich wi dreiefüfzgi, auso *sig* si o so aut. Werum grad dreiefüfzgi, han i nie usegfunge, si hätt sech ja o wi zwänzgi chönne füele, aber vermuetlech het si mit dreiefüfzgi öppis Bsungrigs erläbt, het sech verliebt, Schmätterlinge im Buuch gha, ke Ahnig, un i ha o nie begriffe, was das heisst, me sig so aut, wi me sech füeli, i ha gäng gwüsst, wi aut i bi, u ha mi o gäng so gfüeut. Dreiefüfzgi isch aber irgendwie magisch gsi für mini Grossmueter.

Fragsch di, wo die der ganz Winter si gsi, het si gfutteret, da gsehsch vo dene niemer, si wi vom Ärdbode verschlückt, wägg wi d Zugvögu, aber chuum si di Iisheilige verbii, chuum wott er troche, zwänzg Grad, chöme si us ihrne Löcher. Pankraz, Servaz, Bonifaz, machen erst dem Sommer Platz. Vor Nachtfrost du nie sicher bist, bis Sophie vorüber ist, het si gsunge, ihres säuber gmachte Lied vo den Iisheilige. Für di betagte

Lüt sig haut der Winter schwirig, han i mir Grossmueter probiert z erkläre, Schnee u Iis, da si di meischte nümm sicher uf de Bei, u när d Gicht oder was, wes chaut isch u no d Biise geit. Aber ds Schlimmschte, het si gseit, sig di Aalegi. Farbigi Hose, funktionali Jagge u Marggechleider, usnahmslos Marggechleider. E Chleiderkult sig das, schlimmer aus bi de Junge. Si söus doch o mau mit emne bequeme Turnschue probiere, han i gseit, di sige liecht u heige nes guets Fuessbett u wäre für ihre Rügge gsünger aus di Stögelischue, wo si gäng anneheig. Chutzemischt!, het si gseit. Ihri Schue tüeges no bis hingeruus. Da wette mer de no luege, het si gseit, öb si mit ihrne Stögelischue nid no vor au dene Softshellgruftis uf em Hohgant obe wär.

Ja, si het scho Stil gha, mini Grossmueter, u het sech vor Mode nie öppis la diktiere. Un i ha se vor mer gseh, wi si uf em Sozius, uf der Vespa vo ihrer Liebi ghocket isch, d Arme um si Buuch, der Chopf a sim Rügge un e farbige Rock, wo hingernachegflatteret isch. Mit dreiefüfzgi.

Köllike

Bir Outobahnraschtstätt Köllike Süd het der Franz gäng aaghaute. Es sig öppe ir Mitti zwüsche Bärn u Züri, het er gseit, uf jede Fau het er gäng, we ds Schiud vor Outobahnraschtstätt Köllike Süd uftoucht isch, Luscht uf nes Gaffee übercho. Scho wo si aus Ching i d Oschtschwiz gfahre si, wo si ihri Verwandte si ga bsueche, wo der Franz mit sine zwe Brüetsche uf em Rücksitz vom Volvo isch ghocket – mängisch o gläge, u Gurte hets keni gha, u we si z lut gstritte hei, het der Vatter gseit, we das nid sofort ufhöri, hauti är uf em Pannestreifen aa u si chönni i di Oschtschwiz loufe –, scho denn het der Vatter gäng z Köllike Süd aaghaute, me het e chauti Schoggi trunke, u der Franz ma sech nid bsinne, dass irgendöpper mau öppis vo däm Köllike gseit hätt, dass Vatter oder Mueter mau gseit hätte, es gäb uf der angere Site vor Outobahn es richtigs Dorf. D Mueter het vor em Iistigen e Select groukt u der Vatter es paar Turnüebige gmacht u de si si witergfahre.

Fasch jede Tag isch der Franz itz uf Züri use gfahre, u was är eigentlech gäng uf das Züri use müess u was das choschti, het sini Mueter gseit, u der Franz het gseit, är müess gschäftlech uf Züri, Chunde bsueche, u ds Bänzin zali d Firma, u d Mueter het gseit, was ihm guet tät, wär e Frou un es Huus un e Familie, das sig doch ke Zuestang, mit füfedriissgi gäng no z Bümpliz im Studio, mueterseelenalei. Im Früelig het der Franz de es Inserat ufgä uf ere Onlineplattform, är sig der Franz, het er gschribe, füfedriissgi, Verträtter bire erfougriiche Outomatefirma, viu ungerwägs gschäftlech, drum heigs bis itz no nie klappet bir Partnerschaftssuechi, aber itz göng er i ne nöie Läbesabschnitt, möcht gärn chli hüslech wärde, e Familie gründe u o gäg Hüng heig är nüt, vilech es Huus boue, finanziell stöng är guet da, u für das suechi är e liebi, tröji u schlanki Frou, är heig bruuni Ouge u sig Nichtroucher.

U de het si sech gmäudet, d Anita. D Anita vo Köllike. Fasch unwürklech hets der Franz dünkt, dass sech e Frou vo Köllike mäudet, dass es äuä meh git z Köllike aus di beide Outobahnraschtstett, dass es Hüser git mit Mönsche dinn, Köllikerinne u Kölliker, u är het vorgschlage, me chönn sech doch ir Outobahnraschtstätt Süd zumne Gaffee träffe, u d Wuche druuf hei si sech dört troffe, u nach em Gaffee het d Anita gseit, öb si nid chli wöue ga spaziere, u si si i Waud grad näb der Lärmschutzwand vor A1, e schön gstautete Waud isch das gsi mit Douglasie, i subere Reihe pflanzet, u Waudwäge u Robidogsecklispänder u au hundert Meter es Bänkli, u gäu, het d Anita gseit, schön, dass es so viu Bänkli het, u si si uf eis abghocket, wo vor Reiffisebank gsponseret isch gsi, u der Franz het gseit, öb das nid ds Dach sig vor Sondermülldeponii, u d Anita het gseit, ja, u öb är es Hobby heig. Für Hobbys heig er ke Zit, het der Franz gseit, u d Anita het gseit, hinger der Sondermülldeponii heigs es richtigs Dorf. Der Franz het überleit, öb ihm d Anita gfaui, u si het gseit, änet der Outobahn heigs es richtigs Dorf, das wüssi viu Lüt nid, u si würd ihm das gärn zeige, öb er no chli Zit heig, es heig e Bahnhof, e Chiuche, es Schueuhuus un es Heimatmuseum. Es heig e Beiz u strohdeckti Burehüser un e Dorfbrunne.

Der Franz het d Anita aagluegt u gseit, es tüeg em leid, aber är heig sech si ganz angersch vorgsteut, si gsäch gar nid uus wi uf em Foto, u nei, das heig nüt mit Köllike z tüe, ganz sicher nid, u aha, das sig schön, dass es z Köllike es Dänkmau für e DJ Bobo gäb, aber är chönn ihre ehrlech säge, dass es nüt mit däm Ort z tüe heig, es tüeg em würklech leid, u mou, si sig e Hübschi, u momou, si sig e Nätti, aber haut nid si Typ, u nüt für unguet, u är isch zum Parkplatz, i sis Outo, het der Motor aagla u isch Richtig Züri gfahre, u jedesmau, wen er uf sine Gschäftsreise ar Outobahnraschtstätt Köllike Süd verbiifahrt, dänkt er a das, wo nem d Anita verzeut het, u mängisch röits ne, dass er denn mit dere Anita das Dorf nid isch ga aaluege.

Sidlig

Letscht Apriu si si i d Sidlig zoge. E Sidlig sig öppis Guets, seit der Marc, ire Sidlig wohnsch imne Houzhuus. Vooruse hets e Windfang u hingeruse e Sitzplatz un e Streife Rase. Der Windfang isch e Dräckschlöise, seit der Marc, dasch ire Sidlig wichtig, wiu ire Sidlig hets viu Ching, wo zu üsne Ching chöme cho spile, u di Ching hei dräckigi Schue u dä Dräck vo de Schue vo dene Ching vo de Nachbere wei mir nid i üsem Huus, seit der Marc. Wiu i üsem Huus hets wiissi Bodeplatte, dasch gäbig wäg der Bodeheizig, aber gsehsch eifach jede Dräck uf dene wiisse Bodeplatte. Im Windfang chöi aui Ching ihri Schue abzie u di Erwachsene o, wiu ire Sidlig hei o di Erwachsene viu Bsuech vo angerne Erwachsene, vo Nachbere us der Sidlig, u die hei o Dräck a de Schue, wo me uf de wiisse Bodeplatte gseht.

I üsem Huus bruucht der Bsuech keni Finke, seit der Marc, im ganze Huus heigs Bodeheizig. Das sig zwar gäbig, aber für e Kreislouf schiints nid gsung, drum leg är gliich Finken aa u sini Frou o, u für i Garte heige si di Plastiggsandale, wo me nume chönn drischlüüfe. Di sige gäbig zum Putze, me chönn se eifach unger e Wasserhane häbe, aber leider schwitzi me i dene zimlech, u drum heige si es Söleli ingleit, wo me aber bim Putze müess usenäh, süsch föngs aa fule, wes nass wärdi.

Im Garte hei si e Chrüterspirale, dört wachse di Chrütli, wo si zum Choche bruuche. Der Safran hei si vo Mund, obwou me dä eigentlech gar nid cha choufe, aber si hei Beziehige. Einisch im Jahre choufe si bim Puur näbedrann e Bio-Sou u lege se i d Gfrüüri.

Ir Sidlig gits e Gmeinschaftsruum, u jede Fritig chochet dört öpper Znacht für aui. Es het e Liischte, seit der Marc, wo me sech cha iitrage, we me möcht choche, u en angeri Liischte, wo me sech cha iitrage, we me möcht mitässe. Es sig ke Zwang z choche oder mitzässe, aber bi dene, wo nie tüege choche oder mitässe, müess me sech scho frage, werum die überhoupt ire Sidlig wohni. D Myriam vo vis-à-vis chunnt nie cho mitässe, wiu si e Glutenallergii het. Me müess sech scho frage, het der Marc gseit, öbs sinnvou sig, mit ere Glutenallergii inere Sidlig z wohne.

Vier Hüser teile sech e Wöschmaschine. E Wöschplan gits nid, me mues haut rede mitenang. Vo Lüt, wo ihre Sidlig wohne, chönn me erwarte, dass si chöi rede mitenang.

I däm Dorf, wo die Sidlig steit, hets hütt meh Sidler aus Iiheimischi, u d SVP het im Gmeindrat o nümm d Mehrheit. D Sidlig isch im Grüene u mit der S-Bahn isch me i schnäu ir Stadt. Das sig gäbig wäg em Chino, seit der Marc. Me tüeg enang d Ching hüete, so chöi di Erwachsene i d Stadt i Chino. Aber mängisch chunnt d Stadt o i d Sidlig. Bim letschte gmeinsame Sidligsputz het öpper unger der Chäuerstäge e Jointstummu gfunge. Är wärdi das bir nächschte Miteigetümerversammlig aaspräche, seit der Marc.

D Sidlig het beschlosse, e Beamer aazschaffe. Einisch im Monet gits im Gmeinschaftsruum itz e Chinoaabe u mängisch e Frouedisco oder e Mannegsprächsrundi. U wen es Ching Geburtstag het, machts es Geburtstagsfescht im Gmeinschaftsruum u tuet aui Ching, wo ir Sidlig wohne, iilade, o die, wos nid gärn het. Jede Mäntig isch im Gmeinschaftsruum Yoga. Wär wott mitmache, cha eifach cho, ohni Aamäudig, es choschtet füfzäh Franke pro Mau, das isch weniger aus ir Stadt, wos füfezwänzg isch.

Si heiges zfride ir Sidlig, seit der Marc. Si heiges guet ungerenang. Der Schnee ruumi dä, wo grad Zit heig, u mängisch nähm si spontan en Apéro zäme. D Ching tüege sech gägesitig erzie. Das heig nid nume Vorteile, seit der Marc. Si gsäches zum Bispiu nid gärn, we ihri Ching zu de eutere Nachbersching gienge zum Geime. Serigi Spili würde si nid erloube. Aber we d so aafasch dänke, bisch ire Sidlig am fautschen Ort, seit der Marc. Der Dorflade het itz o Bioprodukt, u we Züri Wescht ir Nöchi spiut, hanget es Plakat näb em Sigarettestänger. Parisienne loufe guet u der Aceto Balsamico isch meischtens usverchouft. Är frag sech eifach, wis hie i driissg Jahr usgsäch, seit der Marc. Denn sige si nämlech aui pensioniert u d Ching usgfloge. Vermuetlech bruuchis denn de nöji Parkplätz. Für d Spitex.

Reportermantu

Mi Reportermantu, ds beschte Chleidigsstück, won i je ha gha, han i verschänkt. Aber nid freiwiuig, unfreiwiuig han i ne müesse härega. Un i truuren em hütt no nache, mim Reportermantu. Nie meh im Läbe han i öppis anngha, won i mi so guet ha gfüeut dinn, ha speter no mängi Jagge gha, mänge Tschoope, mänge Mantu. Plüschpullover, Gilet, Lismer, Sweatshirt, T-Shirt, Débardeur. Sache, won i mi guet ha gfüeut dinn, won i woou bi gsi, won i gwüsst ha, wär i bi dermit. Aber nie meh, nie meh han i es Chleidigsstück gfunge wi mi Reportermantu nüünzähhundertachtesibezg.

Scho nume di Farb, schwär z beschribe, öppis zwüsche grüen u bruun, gnauer hesch es nid rächt chönne definiere, u der Stoff: unverwüeschtlech. Dä het üs jedes Chriegsspiu u jedi Lehmschlacht verzeiht. U grad richtig ir Lengi. Nid so läng wi ne Mantu u nid so churz wi ne Windjagge u ir Mitti liecht tailliert, nume liecht, so, dass er nid wi ne Militärblache usgseh het. U Seck het er gha, Seck, uf den Oberarme, uf der Bruscht u natürlich di beide grosse uf Hufthöchi, won i, so han is in Erinnerig, mini Häng am Morge dinn vergrabe u ersch am Aabe wider usegno ha. I ha gwüsst, vo was d Red isch, we imne Western öpper gseit het, är kenni di Gägend wi sini Weschtetäsche. Mini Häng hei di Seck usswändig kennt. Grössi, Form u Stoffbeschaffeheit, jedi Naht u jedes langsam wachsende Loch. U we d Biise ggangen isch, hesch d Kapuze, usgschlage mit

Lammfäu, über e Chopf zoge, der Druckchnopf über em Chini zueta, u de het der ds Wätter nüt meh chönne. Usse isch er der Inbegriff vor Coolness gsi, jede het gseh, dass i däm Mantu e Privatdetektiv steckt, u inne isch es warm u wohlig gsi, ds weiche Fueter het eim umarmt, der Reportermantu, e textile Uterus.

Kes Wunder, het mir das fasch ds Härz abdrückt, won i ne ha müesse häregä, un i ha nie meh, nie meh e serigi Jagge gha u das Läbesgfüeu, wo mir der Reportermantu nüünzähachtesibezg ggä het, het sech nie meh iigsteut. Won i mi Reportermantu ha müesse häregä, han i mi der ganz Winter gweigeret, öppis angers aazlege, u ersch nach ere Bronchitis, das chöm itz äbe vo däm blödsinnige Nütaalege, hets gheisse, han i mi widerwiuig i irgend so ne wattierti, viu z ängi, gsteppti Windjagge zwängt, d Ärmle z churz, der Riissverschluss het gchlemmt, ke aaständigi Seck u nüt, es Chleidigsstück, wo eim so schnäu wi müglech wider het wöue loswärde. Numen öppis han i no weniger gärn aagleit aus di Jagge, u das si Rouchragepullis gsi. Hutäng u wulig. I ha gmeint, i versticki, ha Schweissusbrüch gha u hyperventiliert, aber dadrüber het me nid diskutiert, Rouchrägeler hei zum Chleiderkanon ghört wi Socke und Ungerhose.

Un es isch kes Wunder, erchlüpf i hütt no jedesmau, we wider so ne wiisse Chleidersammusack vor Caritas im Briefchaschte ligt. Dä Reportermantu sig mir itz z chlii, het d Mueter gseit, un es gäb ganz viu Ching, wo gärn so eine hätte u so arm sige, dass si kene chönni choufe, u dene machi me itz es Gschänk, u si het aagfange, mi haub Chleiderschaft mit Usnahm vo de Rouchrägeler i dä riisig, wiiss Plastiggsack inezstungge, inklusiv Reportermantu. I ha ne probiert z rette, ha gseit, dä Reportermantu sig doch viu z warm für uf Afrika, wiu bis itz si di arme Ching gäng z Afrika gsi, die, wo Hunger hei gha, die, wo mi Fänchu, won i uf em Täuer ha la lige, no so gärn ggässe hätte, läck, wär i froh gsi, hätte die mi Fänchu ggässe, u itz überchöme die mi Reportermantu. Es gäb o a angernen Orte armi Ching, het d Mueter gseit, z Rumänie oder z Pole, u di Wintersache gönge dörthäre u i söu mi doch fröie, söu doch nid so driluege, söu mi doch fröie, dass itz es arms Ching z Rumänie oder z Pole Fröid dörf ha – a *mim* Reportermantu.

Un es isch e Tigg vo mir, e Tigg, i weis, aber i luege no hütt i de Ferie gäng chli ume, öb nid öppe nöime es Ching – lächerlech, i weis, u we me dänkt, wi lang das här isch, aber i luege no hütt gäng chli ume, weisch ja nie, u so ne Reportermantu isch unverwüeschtlech, dä läbt uf au Fäu no, nöime louft dä no ume. Todsicher.

Busfahrer

Bus fahre isch am Aubärt sini grossi Liideschaft. Konzentriert luegt er uf jedere Chrüzig linggs u rächts, winkt d Lüt über e Fuessgängerstreife, tuet fründlech lächle, u we ds Stoppsignau tönt, si am Aubärt sini Sinne ganz wach, wiu itz mues er sich uf di nächschti Hautsteu konzentriere, aahaute u d Türe freigä, warte bis aui usgstige si, e Blick i gross Rückspiegu, luege, öb no öpper iistigt, d Tür bschliesse, blinke u witerfahre. U wen e Bus entgägechunnt, de grüesst der Aubärt. Gstreckte Zeig- u Mittufinger näbe d Schläfe, Blickkontakt mit em angere Fahrer u mit emne Zwick abwinke.

Der Aubärt hockt nid linggs, hockt nid hinger em Stüürrad, nei, är hockt rächts, ganz vore uf däm Sitz grad näb der Tür. Aber der Aubärt kennt jedes Chnöpfli, jedes Lämpli u jede Hebu, weis, wi me ds Töri zum Fahrerverschlag uftuet, wo me der Chittu ufhänkt u wi me losfahrt. We öpper mit em Chinderwage wott iistige, weis er, wi me der Bus mit emne lute Zische absänkt, u we öpper chunnt cho z springe u im letschte Momänt i Bus ggumpet, isch er glücklech, we dä es Merci füre rüeft.

Der Aubärt kennt jedi Linie, jede Fahrplan u jede Chauffeur. Am liebschte fahrt er mit em Wauter. Mit däm chasch währed der Fahrt gäng gäbig schnure. Der Aubärt het es Büechli bi sech, won er jedi Fahrt drinn ufschribt: Freitag, 4. Juli, Bus Nr. 12, Riedmatte bis

Brunnenplatz, fünf Runden gefahren mit Walter. Wen er fertig isch, stigt er uus u seit: Tschou Wauter, me gseht sech.

Am Aubärt sim Geburtstag het der Wauter e Schrubezieher füregno u ds Schiudli *Bitte während der Fahrt nicht mit dem Chauffeur sprechen* abgschrubt us am Aubärt gschänkt. Vo denn aa het der Aubärt gwüsst, dass er eine vo ihne isch.

Spiuregle

Chürzlech het mi mini Grossmueter wider einisch zumene Spiunamittag iiglade. I bi am Sunntig uf Thörishuus gfahre u nach em Gaffee het si gfragt, was i gärn würd spile. Master Mind, han i vorgschlage, das sig no guet für ds Gedächtnis. Abaa, het d Grossmueter abgwunke, ihres Gedächtnis sig no guet, für das bruuch si kes Spiu. De vilech Eile mit Weile, han i gseit. Vom Eile mit Weile sig si troumatisiert, het d Grossmueter bhouptet, wiu si aus Ching gäg ihre Vatter gäng verlore heig. Wis de mit Monopoly wär, han i gfragt. Aber d Grossmueter het gseit, sit em Bankecrash sig Monopoly für si tabu. De haut vilech ds Leiterlispiu, han i vorgschlage, aber d Grossmueter het grüeft, itz heig sis! Un ig has scho befürchtet, es isch bis itz no gäng so usecho, we d Grossmueter zumne Spiunamittag iiglade het, u würklech: D Grossmueter het o hütt wider wöue UNO spile.

Mi Iiwand, dass UNO z zwöit gar nid spannend sig, het si überhört, u scho het si d Charte ggä. Si isch de natürlech o aus Erschti use u het afe mau d Charte *Richtigswächsu* gleit. Das sig doch völlig sinnlos, e Richtigswächsu, we me nume z zwöit sig, han i wöue säge, aber d Grossmueter het gstrahlet u gseit: De wär si itz wider drann. Ganz logisch het mi das nid düecht, aber si isch nid ir Stimmig gsi, wo si sech hätt vom Kurs la abbringe. Si het d Charte *Ussetze* gleit u isch natürlech scho wider drann gsi, wiu ig ha müesse ussetze.

Drufabe het si *Vier näh* gleit. I ha vier Charte gno u ha wöue lege, da het si gseit, we me gno heig, chönn me nid lege, u scho het si *Farb wähle* gleit u gseit: Grüen! Natürlech han i aui Farbe gha usser Grüen, u drum han i eini müesse ufnäh. Itz het d Grossmueter zwöi grüeni Sächsi mitenang gleit u bhouptet, we me zwo genau gliichi Charte heig, chönn me die zäme ablege. I ha gäng no ke grüeni gha u ha wider müesse ufnäh. D Grossmueter het d Charte *Zwöi näh* gleit u grüeft: UNO! I ha zwo Charte gno, d Grossmueter het ihri letschti Charte abgleit u gseit: Gsehsch itz! Das UNO isch doch no ganz es glatts Spiu! U scho het si usggä u isch wider aus Erschti use.

Arvehouz

Es isch am Erwin si Troum gsi, einisch es eigets Hotel z füere. Es grosses Huus, e Burg wi ds Palace Gstaad, es Schloss wi ds Gütsch Luzärn, es Huus für erholigsbedürftigi Guetbetuechti, e Rückzugsort für di erschöpfti Oberklass, für Lüt, wo d Kreditcharte locker im Portemonnaie steckt u wo gäng es Nötli ir Hang hei, we ne ds Personal d Tür ufhäbt oder e Wandertipp git. Es Huus für Lüt, wo kes schlächts Gwüsse müesse ha, we si zum Zmittag e Fläsche Burgunder bsteue, für Lüt, wo das verdient hei. Es Huus für Lüt, wo Kaviar nid nume vom Ghöresäge kenne, Jeans hingäge für nes Grücht haute.

Es Huus mit Seesicht, Färnsicht, Bärgsicht, Ussicht bis zum Piz Palü, het der Erwin dänkt, u är luegt zum Fänschter vo sim Büro uus, bescheide isch es, sis Büro, der Platz ghört de Gescht, u gseht, wi d Nerz- u Kameuhaarmäntle ii und uus göh u gseht sini Stammchunde i nachtblaue Jaguar härefahre. U der Erwin, Herr über zwöihundert Zimmer, über füfhundert Aagsteuti u zwänzgtuusig Fläsche Wii, kennt aui: der Profässer Bartmeier, Herr und Frou de Kalbermatten, d Witwe Germann geborene Castell zu Waldhäusern, d Fiodorowskys u d Garibaldis, aute Adu, Gäud us Tradition, u die verpflichtet, di Tradition, zum Usgä, zum sparsamen Usgä zwar, aber doch zum Usgä. Är kennt sen aui, der Erwin, u aui kenne ihn u chlopfen em zur Begrüessig jovial uf d Schultere oder häbe ne fründschaftlech am Oberarm. Der von Escher sig Grossvatter worde, der Erwin gratuliert, e Bueb, grossartig, d Nachfoug sig i däm Fau greglet u öb er es Glas Champagner dörf offeriere. Gäng ufmerksam, gäng parat, gäng d Ougen u d Ohren offe für sini Gescht.

U natürlech der Spa-Beriich, der Spa-Kosmos: e Wellnessplanet mit Hotstone, Hamam, Sauna, Lomi Lomi. Dampfbad, Aromabad, Entspannigsbad, Entschlackigsbad un es Thermal-Schwäfu-Mineral-Wäue-Sauzsole-Massagedüse-Gägestrombecki. U Pianobar u Cigarlounge u Arvestube, ja, d Arvestube sig ds Härzstück vom Huus, het der Erwin gseit, Hort vo Gmüetlechkeit u Gnuss, kulinarische Träffpunkt, gaschtronomischs Epizäntrum, lukullische Schmeuzhafe, e Sinnlechkeitsuterus zmitts im Duft vo den ewig usdämpfende Öu vom Zirbuhouz.

Ir Hotelfachschueu z Luzärn het sech der Erwin de i d Silvia verliebt, e Hoteliertochter vo Alvaneu, e schlächti Partii sig das nid, het der Erwin dänkt, u ds Hotel Tinzehorn sig zwar nid ds Waldhuus Sils-Maria, aber immerhin sigs es Hotel, zwar numen es Garni u ohni Spa, u Ussicht het me vom Tinzehorn o keni gha, derfür fliessend Chaut- u Warmwasser un e Gaschtstube, wo mit Fichtetäfer usgschlagen isch gsi. Aber lue, het der Erwin zue sech gseit, mängisch chasch nid aues ha, mängisch muesch ungen aafa, ds Läbe macht der keni Gschänk, u söusch nid nach de Stärne griife, u irgendwenn geits ufwärts, u i d Silvia isch er würklech richtig verliebt gsi, das müess es Zeiche si, u i paarne Jahr, wär weis, chönnte si vilech es Guesthouse z Thailand uftue u der ganz Tag Sunne, Meer u Paume.

Der Abschluss ar Hotelfachschueu het der Erwin aber nid gschafft u d Silvia het de der Chrischte vom Hotel Hohenfels ghürate u es söu ihm niemer verzeue, dass das Liebi sig, so öppis gspüri är, die heig dä Chrischte nume ghürate, wiu er glehrte Choch sig, u der Erwin het z Chur ir Trube e Steu gfunge aus Barkeeper, het dänkt, o hie heigs zwar ke Arvestube, derfür e Dartschibe, u dass d Trube ersch am Aabe am sächsi ufta het, sig für ihn aus Nachtmönsch sogar e Vorteil. Nume chli meh Ussicht, eifach chli meh Ussicht hätt er sech gwünscht, wen er nach sire Schicht uf ds Bett glägen isch.

Strassemusig

Nei, vom Jimi Hendrix chönn är nüt, het der Strassemusiker zum Herr Chnöibüeler gseit, är chönn eifach Mani Matter, u überhoupt sig das hie kes Wunschkonzärt, är bruuchi eifach chli Münz, sig abbrönnt u wär froh, wen er em es Fränkli chönnt i Huet gheie, aber der Herr Chnöibüeler het nid lugg gla u gseit, vomne Strassemusiker dörft men erwarte, dass er eis vom Jimi Hendrix chönn, vo eim, wo ir Öffentlechkeit Gitarre spili, zmitts ir Fuessgängerzone, zmitts am Tag zmitts uf em beläbtischte Platz vor Stadt tüeg Gitarre spiele, dörft me doch erwarte, dass er wenigschtens eis lumpigs Liedli vom Jimi Hendrix chönn, sig schliesslech eine vo de beschte Gitarrischte überhoupt, oder de haut wenigschtens eis vom Johnny Cash, chli öppis Truurigs, chli Blues, chli öppis, wo ihn gedanklech würd ablänke.

Är chönn wi gseit nume Mani Matter, het der Strassemusiker gseit, u wi gseit sig das hie kes Wunschkonzärt, aber für ne Zwänzger chönn er em ds Lied vo de Bahnhöf singe, das sig zimlech melancholisch, fasch e chli Blues, aber der Chnöibüeler het gfragt, öb er nid wenigschtens öppis vom Bob Dylan chönn, How Many Roads oder so, är mög eifach das Bärndütsch nid verliide u är gäb em dä Zwänzger gärn für nes Lied vom Bob Dylan, oder wenigschtens El Condor Pasa, di änglischi Version vo Simon and Garfunkel, het der Chnöibüeler gseit, I'd rather be a sparrow than a snail, u är het ds Portemonnaie ufta u verzwiiflet e Füfzgernote i Huet gschosse, da het der Strassemusiker ds Muu ufta und us sire Kehle isch e Schwan so wiiss wi Schnee gfloge u het uf der Schultere vom Herr Chnöibüeler mit wunderschöner Falsettstimm Hey Joe vom Jimi Hendrix gsunge.

Velorenne

Mir si mit üsne Velo dür ds Quartier gfahre, um d Blöck ume, über Trottoirränder u Rasebandeli, d Rampi ab i d Töifgarage, hei dert e Rundi drääit u wider use, churz bevor ds Tor zueggangen isch. Hei jedes Wägli kennt, jedes Strässli, jedi Ungerfüerig u jedi Abchürzig, ig uf mim blaue Alpina-Haubrenner mit füf Gäng u der Christian uf sim rote Cilo-Drügänger.

Am Midwuchnamittag hei mer de aube di chliini Tour de Suisse gmacht: dür ds Stedtli düre bis zur Aare, ar Aare naa bis zum See, vo dört quer über d Seematte u dür ds Wäudli zrügg zum Schloss. Es Einzuzitfahre isch es gsi u Ehresach, dass me ke Abchürzig het gno, ig uf em Alpina der Eddy Merckx, Pavéspezialischt, u der Christian uf em Cilo der Beat Breu, Bärgfloh, u eine isch gäng gfahre u der anger het d Zit gstoppet u während der Fahrt hei mer üs säuber kommentiert u aagfüüret, u we mer über d Ziiulinie gfahre si, e Chridestriich uf em Trottoir, isch das grosses Chino gsi, o wes mer zitewiis Sorge het gmacht, dass i gäng no nid ha chönne freihändele. Wiu eis isch klar gsi, we d imne grosse Renne, Tour de France oder Paris–Roubaix, gwinnsch, muesch über der Ziiulinie d Arme ufeschriisse, u das mit gschetzte füfevierzg Stundekilometer. Das het mer wi gseit chli Sorge gmacht, isch de aber wi wäggblase gsi, wo am Ziiu einisch d Nicole gstangen isch. Der Christian un ig hei spontan beschlosse, i däm Fau e richtigi Siigerehrig z mache.

Är isch bir Tanksteu e Fläsche Citro ga choufe, mir hei d Fläsche gschüttlet, üs aagsprützt u när vor Nicole drü Müntschi übercho, wi richtig, wi im Fernseh, u der Christian un ig si im Nirvana gsi, un ig gspüre das no hütt im Buuch, wen i dra dänke.

Am Schneiter hei üsi Velorenne gar nid passt. Är isch Abwart gsi vo de drei gröschte Blöck i üsem Quartier, eine, wo öppis z säge het gha, eine, wo der Tarif düreggä het, e chliine Maa mit blonde Haar u rotem Gsicht, e veritable Giftzwärg, u dä het üs öppe abpasst am Egge vo eim vo sine Hochhüser, isch uf ds Strässli ggumpet, we mir imne Affezahn si cho z fahre, u het eim am Ermu packt u vom Velo gschrisse, het eim am Gränniharli zoge u gseit, we me no einisch hie dürefahri, chlepfis, u zwar ghörig. U itz abfahre, beid zäme!

Wo mer de einisch der Alfons, wo im zähte Stock gwohnt het, si ga bsueche, der Alfons, wo uf em Balkon e Voliere het gha mit emne Beo dinn, sini Mueter het der ganz Tag däm Beo zuegluegt u derzue groukt, u ihre isch es gliich gsi, we mer der ganz Namittag lang o bim schönschte Wätter Fernseh gluegt hei, wo mer ihn si ga bsueche, het üs öpper glüftelet. U dert am Egge isch er gstange, der Schneiter, het üs mit verschränkten Arme aagluegt u kes Wort gseit. Mir hei üsi Velo heigstosse u überleit, wi mers am Schneiter chönnte heizale.

Der Schneiter het uf em Bielersee es Motorboot gha, u we ds Wätter guet isch gsi, isch er loszoge, es schmächtigs Mandli, Sandale, churzi Hose, Tregerliibli un e Tschäppu u ir Hang e blaui Chüeubox. Hingernache d Hedwig, e Bärg vore Frou, Sandale, churzi Hose, Tregerliibli un e Tschäppu u ir Hang e Chorb mit Fueter. Si si seeufwärts tuckeret mit ihrem Böötli, u bim Iidunkle hei si vor der Petersinsu gankeret, südsitig, u hei zu de Räbbärge gluegt, un es isch gäng stiuer u dünkler worde, bis si nume no d Umrisse vor Landschaft hei gseh. De het der Schneiter ds rote u ds grüene Liecht aagla u si si zmitts ir Nacht wider heigfahre. So zfride het me der Schneiter a Land nie gseh.

Mir hei dänkt, mir chönnte mau sis Boot ga inspiziere, üs chöm de scho öppis z Sinn, wo me däm chönnt beize, aber a däm Namittag, wo mer uf sis Schiff stige, frag mi nid werum, chunnt der Schneiter cho z loufe. Mir si überzügt gsi, är sig am Rasemääje, aber nei, itz chunnt dä gopferteli cho z loufe. Ig no uf Deck, der Christian scho ir Kabine uf Entdeckigstour. Der Schneiter isch scho ganz nööch gsi u zum Abseckle isch es definitiv z spät gsi, läck, han ig der Zitteri übercho. Der Schneiter steit itz vor sim Boot u luegt mi unglöibig aa. Mir heige nume mau wöue luege, wis uf somne Boot usgsäch, han i gstaglet, u der Christian rüeft zur Kabine uus, was i meini, är heigs nid verstange u der Schneiter nimmt e Gump u steit uf sim Schiff, seit: Abhocke u schwige, beid zäme! Är lat der Motor aa, en Achtzg-PS-Usseborder, u fahrt mit üs zfride wi ne Moore gäg Weschte, seeufwärts, gmüetlech ar Insle entgäge.

Ds Mischtstockfrölein

Zhingerscht im Oberfrittebach isch amne Puur einisch ds Mischtstockfrölein erschine. Amne Samschtigaabe isch es uf em Mischtstock ghocket u het em zuegwunke. A ds Mischtstockfrölein het hie scho lang niemer meh gloubt. Es isch scho sit Generatione nümm uftoucht, aber sini Gschicht isch gäng witerverzeut worde u mängs Ching het sech am Aabe wäge däm nümm zum Mischtstock getrout. Ds Mischtstockfrölein, so hets d Gschicht gwüsst, lat d Pure im Mischtstock la verschwinde. Wes amne Puur i sim durchsichtige Chleid gwunke het, isch är zue nem häre. Ds Mischtstockfrölein het sini länge Finger um d Handglänk vom Puur gleit u d Häng zuedrückt u ne mit chauten Ouge aagluegt. Won er gmerkt het, dass es ne nümm loslat u dass es ne langsam aber sicher i Mischtstock ineziet u är sech nid cha wehre, isch der Puur i Panik grate. Aber bevor er het chönne um Hiuf rüefe, isch si Chopf im Mischt inn gsi, u ds Letschte, wo me vo nem gseh het, si d Sohle gsi vo sine Schue. E bsungers muetige Chnächt, wo einisch het müesse zuelüege, wi si Meischter im eigete Mischtstock inn verschwunden isch, het d Mischtgable gno u dä Huufe aafa vonang hütze. Aber im ganze Mischtstock het me vom Meischter nüt meh gfunge. U o ds Mischtstockfrölein isch spurlos verschwunde gsi.

    Dass di meischte Lüt nümm a nes gloubt hei, het ds Mischtstockfrölein, wo schon sibehundertfüfzgjährig isch gsi u sech im Oberaargou zur Rue gsetzt het, nid witer gstört. Muff ischs aber worde, wo der Dorflehrer vor Schratteflue, der Theophil Schwab, im Eigeverlag es Büechli useggä het, *Mythen und Sagen im Emmental*, wo men ir Dorfchäsi Schangnou zum Kilopriis vom höhlegriifte Ämmitaler het chönne choufe. Der Lehrer Schwab het sech iigehend mit de Sagegstaute vo sir Gägend usenanggsetzt und i sim Büechli d Gschicht vom Sturzwiibli verzeut, vom schwarze Fürscht u vom wüeschte Puur. Vom Napftoggeli, vom Saftchocher us em Fuchser, vom graue Hung im Gschoos u vo de dräckige Mandli vom obere Schopf. Vor schwäbende Magd vom Färzbach u vom Mischtstockfrölein. Wos vo däm Büechli ghört het, het ds Mischtstockfrölein sis durchsichtige Chleid aagleit u isch Richtig Ämmitau gloffe. Bim Farnerli hets sini Zouberchreft wöue usprobiere, het sech unsichtbar gmacht u isch mit der Mischtbänne einisch ume Hof spaziert. Wiu dä Puur aber ums Verrecke nid a Gspängschter het wöue gloube, het er nume der Chopf gschüttlet u dänkt, das müess äuä no der Schnaps vo geschter si. Ds Mischtstockfrölein het de uf em Sunnbärg der Brönnhafe iigfüüret, ir obere Wit d Geisse gmouche u ir Buuchi di aagfangeni Schwarzwäuderturte fertig gmacht. Gmerkt het das aber niemer. O im Frittebach ischs erfouglos gsi. Vom Mischtstock uus hets am Puur zuegwunke. Dä isch aber so beschäftiget gsi, dass er nume hoi gseit het, u mit sine Würscht ir Röiki inn verschwunden isch.

Mit nümm so viu Säubschtvertroue isch es itz ohni Umwäg uf d Schratteflue, u wo der Theophil Schwab het wöue Znacht näh, isch ds Mischtstockfrölein scho am Tisch ghocket. Äs sig ds Mischtstockfrölein, het ds Mischtstockfrölein gseit, un es chöm wäg däm Büechli. Typische Aafängerfähler, het der Lehrer Schwab dänkt, d Figure literarisch so wenig z verfrömde, dass si sech säuber erchenne u när plötzlech a dim Chuchitisch hocke. Ir Zwöituflag wöu äs de us däm Sagebüechli gstriche si, het ds Mischtstockfrölein gseit. Süsch wüss är ja, was mit ihm passieri. U äs het mit em Chini zum Mischtstock vom Nachbershof zeigt. Der Theophil het ke Ton usebracht u nume bleich gnickt. U so schnäu, wies isch cho, isch das Mischtstockfrölein oder wider verschwunde. Sider gseht me im Ämmitau wider meh züpfleti Mischtstöck aus o scho. Me seit, das schützi vor em Mischtstockfrölein.

Radio

Mini Grossmueter het nüt lieber gmacht aus Wettbewärbe. Wo der Radiomoderator gseit het, am Telefon sig itz d Hörerin Martha Brächbüeler vo Thörishuus mit em Lösigswort, het d Martha gfragt, öb si itz scho im Radio chöm. Ja, het der Moderator gseit, Dir sit itz live uf Sändig, Frou Brächbüeler, mir si gspannt uf Öies Lösigswort.

Grüessech, het mini Grossmueter i ds Telefon grüeft, hie sig d Martha Brächbüeler vo Thörishuus u si möcht ganz härzlech ds Trudy Hess u ds Meieli Bärger grüesse u aui Lismifroue vo Überstorf u Nöienegg u d Frou Dokter Blaser vo Aublige u ihre Brueder, der Kari. Das sig wunderbar, het der Moderator gseit, dass si so viu Lüt kenni, u är tüeg sech dene Grüess aaschliesse, obwou är ehrlech gseit no nie z Überstorf oder z Nöienegg sig gsi u o nid z Aublige, aber är u sicher o d Hörerinne u Hörer sige itz gspannt uf ihres Lösigswort vom Radiowettbewärb. U de wett si no ihri vier Grossching grüesse, het d Martha i ds Telefon grüeft, der Alois, d Selina, der Cyril u d Sibille u ihres Urgrossching, d Emma, u natürlech ihre Sunneschiin, d Brigitte Wäuti vor Spitex Chüniz, un e bsungere Gruess a ds Führwehrpikett Oberbottige. Der Moderator het no einisch danket für di vile Grüess, isch itz aber doch chli närvös worde, wiu er gärn ds Lösigswort hätt gha u nid sicher isch gsi, öb di Martha Brächbüeler vo Thörishuus no meh Lüt kennt, wo si wett grüesse, u won er

37

het wöue säge, si sige itz aui gspannt uf ihres Lösigswort, da het d Grossmueter gseit, es heig se schampar gfröit, mit ihm chli chönne z ploudere, si losi ihm am Vormittag gäng gärn zue u si heig grad ganz vergässe, werum si itz überhoupt i das Radio ine aaglüte heig, das passieri ihre ir Letschti viu, dass si zum Bispiu i ne Lade inegöng, u chuum sig si dinn, heig si vergässe, was si eigentlech dört inn heig wöue, aber das sig haut ds Auter, si sig itz scho vierenachtzgi, aber süsch no zwäg, aber item, si wünsch ihm no ne schöne Tag u gueti Gsundheit, das sig nämlech ds Wichtigschte im Läbe, u nüt für unguet und uf Widerlose.

Ds Lösigswort, Frou Brächbüeler, het der Moderator no grüeft, aber uf Sändig isch nume no der Bsetztton vom Telefon z ghöre gsi.

Call of Duty

Öb si sech no mög bsinne, het er sini Frou gfragt, wo der Fabio no dusse gspiut heig. Wo der Fabio no gmerkt heig, wes Früelig sig worde oder Summer, u won er eim grüeft heig, wen er e Frösch oder e Libelle heig gseh.

Öb si sech mög bsinne, wo der Fabio öppen e Vogufädere oder es bsungers Stück Houz heibracht heig. Win er d Gummistifle aaglenit u bim gröschte Räge use ggange sig u win er aube Fröid am erschte Schnee heig gha. Öb si sech mög bsinne, win er aube nach ere Schneebauschlacht mit düregfrorne Finger sig ine cho u se unger em chaute Wasser ufgwermt heig u wi d Finger heige aafa negele. Wi der Fabio heig chönne zeichne, win er aube mit em Blöckli u emene Farbstift i Garte sig ghocket u Böim u Wouche abzeichnet heig. Oder win er aube stundelang im Waud umegstreift sig, d Jaggeseck gfüut mit Mässer, Schnuer, Lupe, Füürzüüg, Pinzette, Seckli u Truckli, u öb si sech mög bsinne, win er i de Ferie ar Nordsee aube Strandguet gsammlet heig u win er mit lääre Fotodösli mit Sand u Chiis es Grüüschmemory gmacht heig.

U win er aube gfüüret heig, Riisefüür heig der Fabio gäng gmacht u Löcher grabe u Bechli gstouet, Bechli gstouet heig doch der Fabio, wos nume sig ggange. Si heige ke Wanderig amne Bach nache chönne mache, ohni dass dä Bach wär gstouet worde. U aaglängt heig der Fabio aues, ihn heigs vor nütem grouset, weder vor Spinnele no vor Würm oder Chäfer oder vor süsch irgendöppisem. Im Gägeteil, är het das gärn gha, wes i sir Hang inn gchräbelet het. Oder wen er ir Lehmgruebe Chugle gformt het für d Lehmschlacht mit de Nachbersgiele un em der Pfludi d Arme hingere i Ermu isch gloffe, das heig doch der Fabio gliebt.

U Chriegerlis, öb si sech mög bsinne, het er sini Frou gfragt, wi der Fabio mit sine Fründe Chriegerlis gspiut heig. Tagelang sige si um d Hüser im Quartier gstreift, heige enang aagschliche, gfesslet u gfange gno. Mängisch sig der Fabio mit Blätze heicho, einisch mit emne blaue Oug – stouz sig er gsi uf das Veieli – u einisch sogar mit emne Loch im Chopf vore Tannzapfeschlacht. So nes Loch im Chopf ghöri zure Chindheit, heig denn der Dokter Wieland bim Nääje gseit, eis bis zwöi Löcher im Chopf sig i däm Auter normau. Sogar, wo der Fabio der Arm broche heig, won ers denn mit em BMX-Velo übertribe heig, denn won er mit sine Kollege zäme der Ushueb vor Nöibousidlig aus Crossbahn bruucht heig, sogar denn heig der Dokter Wieland gseit, i däm Auter ghöri das derzue u werum är sis Bei no nie broche heig, öb är eigentlech nid tüeg Schi fahre.

U öb si sech no mög bsinne, het er sini Frou gfragt, wo si der Fabio der ganz Vormittag gsuecht u ne irgendwenn ir Hundehütte gfunge heige, won er mit der Luna zäme fridlech am Schlafe sig gsi. Das sige no analogi Erfahrige gsi, won er denn gmacht heig! I der ächte Wäut, mit ächte Lüt u ächtem Dräck. Mit ächtem Strit u ächte Schmärze. U denn sig äuä der Duume no nid so prominänt verträtte gsi im Hirni, heig äuä ds

Duumen-Areau no nid der haub Schädu usgfüut, win er das hütt tüeg bi de Jugendliche, hütt, wo si nume no virtuell läbi, u das sig ja wahnsinnig, wi viu Stunde dä Fabio fang vor em Computer verbringi, u sini Pflichte tüeg er ja nümm primär im Hushaut oder ir Schueu erfüue, sondern bim Geime. Call of Duty – die Pflicht ruft! Är heig ja ke Ahnig, uf welem Level der Fabio mittlerwile bi däm Geim sig, aber so mängi Stunde, win er daderfür trainieri, müess er zu de Wäutbeschte ghöre. Aber wen er wäge däm es ungnüegends Zügnis heibringi, nütz em das de o nüt. So viu är wüss, gäbs für ds Geime keni Arbeitsplätz u ke Lohn, aber so wit dänki der Fabio natürlech nid.

D Tür isch ufggange, der Fabio isch us sim Zimmer cho u isch zum Vatter a Tisch ghocket. Är söu sech itz mau vorsteue, het der Fabio gseit, itz sigs ihm doch tatsächlech glunge, dene Bandite ds Handwärch z lege. Soso, het der Vatter gseit, uf welem Level dass er de itz sig. Är redi nid vom Geime, het der Fabio gseit, sondern vo däm Zäut, won är im Internet bsteut heig. Heig doch das denn mit der Kreditcharte vor Mueter zaut u när heig er es Mail übercho, das Zäut sig leider usverchouft. Aber ds Gäud heig er bis hütt nid zrügg übercho, obwou er dene mehreri Mails gschickt heig, u das sig itz schon über es haubs Jahr här. Är heig sech erkundiget, was me da chönn mache, heig online im Obligationerächt nachegläse u de heig er dere Firma en iigschribene Brief gschickt. Das sig gar nid so eifach gsi. Won er gschribe heig, dass er süsch zwunge sig, grichtlech vorzgah, heig er richtig Härzchlopfen übercho. Aber es heig sech glohnt: Di drühundert Franke sigen em geschter überwise worde. U für das heig er im Fau meh bruucht aus si Duume. U ds Härzchlopfe sig analog gsi.

Herrgottsgrenadiere

Är isch wahnsinnig ufgregt gsi, denn im Mai nüünzähnüünzg, won er ds erschte Mau minischtriert het. Zäni isch er gsi, der Patrick, het d Erschtkommunion ersch grad hinger sech gha u scho Minischtrant, scho der erscht Iisatz, u sis Härz het gschlage unger em Minischtrantechleid, är isch sicher gsi, dass me das bis i di hingerschte Chiuchebänk gseht. U gschwitzt het er, viu z warm aagleit isch er gsi, unbedingt het si Mueter wöue, dass er drunger dä wulig Rouchrägeler aaleit, u itz isch er i däm Rouchrägeler u i däm Minischtranterock fasch um vor Hitz. U um e Buuch der Gurt, das bruune Seili, stundelang het er mit em Oberminischtrant güebt, der Chnopf richtig z mache, der Minischtrantechnopf, u itz het d Mäss aagfange, d Orgele het gspiut, Iizug i d Chiuche, der Herr Pfarrer voraa, hinger ihm der Diakon Loosli u d Frou Birrer, wo hütt Lektorin isch gsi, u zhingerscht im Umzug di beide Minischtrante, der Patrick u näbe ihm der Martin, wo drü Jahr euter un e Chopf grösser isch gsi. D Lüt hei gsunge, der Pfarrer het vor em Autar aaghaute, me het ds Chrüzzeiche gmacht u jede het sini Position bezoge, der Patrick uf em Stüeli linggs vor Frou Birrer. Der Aafang het er guet gmacht, itz isch der ganz Wortgottesdienscht über d Büni, sis Lampefieber het sech chli gleit, liturgische Gruess, viu het er hie nid z tüe gha, Schuldbekenntnis, Kyrie, Gloria un es Lied, muesch eifach gäng chli derbii si, het der

Patrick dänkt, Tagesgebätt vom Loosli, u itz isch d Frou Birrer ufgstange, Läsig us em Aute Teschtamänt, nid abhänke, het der Patrick dänkt, Antwortpsalm, Läsig us em Evangelium, gäng mitmache, hie vore gseht di schliesslech jede, hie vore chasch nid pfuuse, u itz isch d Predig drann gsi. Itz cha me d Gedanke chli la schweife, cha me chli a d Monika vor Parallelklass dänke, wo ihm letscht Wuche es Briefli gschribe het, u är chönn sech a viu erinnere, het der Patrick gseit, a jedes Briefli, won er vor Monika übercho heig, aber a ke einzigi Predig. Aber Achtung, nid wägdämmere, wiu einisch isch di herrgotts Predig nämlech fertig u när geits zügig witer mit emne Lied, nächär ds Gloubensbekenntnis u itz d Fürbitte. Jessesgott, steit doch tatsächlech si Vatter uuf, geit füre a ds Läsipult u seit, är bitti für d Minischtrante, dass die ihri Ufgab gäng zueverlässig u gottesgfällig tüegi mache. Der Patrick het e zündrote Chopf übercho, wir bitten dich, erhöre uns, är isch totau us em Konzept gheit, u itz isch es scho stotzig gäge d Eucharischtiifiir ggange u d Gabevorbereitig isch ds Pièce de Résistance für ne Minischtrant, ds Zwägmache vo Brot u Wii, das isch Serviere uf liturgischem Niveau, da muesch uf em Quivive si, für e richtig Momänt nid z verpasse, drum het me das Prozedere mit em Oberminischtrant x-mau güebt, aber itz, wos losggangen isch, het er der Fade verlore, är het si Vatter verfluecht, wo ihn vor aune Lüt blossgsteut het, u isch konzeptlos um en Autar ume ghüeneret, der Pfarrer het ne scharf aagluegt, aber si Mitminischtrant, der Martin, het ne grettet u aues a richtig Platz gsteut, dasch no einisch guet ggange. U sis Härz het wider gchlopfet, dass mes dür d Chutte düre het gseh, es Schweissbächli isch em näb em Ohr düre über d Backe u i Rouchrage ine gloffe, der Rouchrage isch füecht gsi, het am Haus gchläbt u het itz aafa biisse, u scho het er der Iisetzigsbricht ghört u gwüsst, itz mues er de grad a d Seck. Zügig isch es witerggange, der Pfarrer het Gas ggä, wiu er am eufi im Autersheim Grundbode scho di nächschti Mäss het gha u vorhär no i Apéro het wöue, u itz Achtung, Hochgebätt: Nehmet und esset alle davon, das ist mein Leib, der für euch hingegeben wird. Und uf Leib i d Luft mit der Hoschtie, u das wär ds Zeiche gsi für e Patrick, itz wär si Uftritt cho, won er sech jahrelang druf gfröit het, itz wär das cho, won er sech tuusigmau im Bett vorgsteut het, der Grund, werum er überhoupt het wöue Minischtrant wärde, itz hätt er ds goudige Glöggli, wo vor ihm uf em Bode gstangen isch, müesse i d Hang näh u glöggele, nid z lut, nid reschpäktlos, aber o nid z liislig, schliesslech müesses di Aute o ghöre, u wi mängisch het er das güebt mit em Oberminischtrant, u d Hoschtie isch ir Luft gschwäbt u aues, aues het uf di Glogge gwartet, d Gmeind, der Pfarrer, d Frou Birrer u der Loosli, aber der Pfarrer het nid lugg gla, ewigi Sekunde si das gsi, bis der Martin ändlech gschautet het, zum Patrick üeren isch u für ihn mit em Glöggli glütet het.

Was när passiert sig, het der Patrick gseit, wüss är nümm. Är mög sech nume no bsinne, wi nem der Loosli bim Fridensgruess d Hang zimlech fescht drückt heig, u während em Agnus Dei ischs em de schwarz worde vor den Ouge, är isch vom Stüeli kippet, u der Martin u der Loosli hei ne i d Sakrischtei hingere treit u dert uf ds Sofa gleit. Wo d Orgelemusig zum Uszug isch losggange, isch der Patrick wider erwachet, der Pfarrer isch i d Sakrischtei inecho, het ds Mässgwand abzoge u isch dervogjuflet zum Apéro. Der Diakon Loosli isch bim Patrick blibe u isch zu nem uf ds Sofa ghocket. Öb är wüss, dass das am Liebgott gar nid gfaue heig, was da hütt passiert sig, u dass es der Liebgott nid gärn gsäch, we me ihn vergässi, u genau das sig am Patrick hütt passiert, är heig der Liebgott vergässe. Der Patrick het wöue säge, es sig wäg sim Vatter gsi, dä heig ihn ganz dürenang gmacht, u är würd der Liebgott ganz sicher nie vergässe, nie im Läbe, u är wöu das de nächscht Wuche grad biichte bim Herr Pfarrer. Aber der Loosli het sini Hang gno u gseit, biichte längi da nümm, u wo der Patrick het wöue wäggrütsche, het ne der Loosli am Arm packt u gseit, öb er gäng no zu de Herrgottsgrenadiere wöu. D Herrgottsgrenadiere. Klar het er zu dene wöue, dasch ihm wichtiger gsi aus der Bruef, won er mau wott lehre, wichtiger aus ds nöie Velo, won er sech wünscht, u sogar no wichtiger aus d Monika vor Parallelklass. Wen är nach der RS nume zu de Herrgottsgrenadiere cha u am heiligschte Tag vo Williswiu, am Liid- u Bluetfescht, ir aute Chriegsuniform, d Hellebarde ir Hang, mit em Pfarrer u der ganze Chiuchgmeind cha mitmarschiere. E Chrüzzug vor Liid- u Bluetkapäue zum Schloss, u dert am Herrgott zlieb zwöuf Mau lade, zwöuf Mau schiesse, dass mes bis i reformiert Aargou use ghört. U der Vatter, wo stouz ufeluegt, u der Herrgott, wo zfride abeluegt u i sim Büechli uf der guete Site es Strichli macht. Der Loosli het der Patrick nid losgla, är söu sech itz eifach stiuha, u de lueg är scho derfür, dass der Patrick gliich zu de Herrgottsgrenadiere chönn, trotz däm, wo ihm hütt passiert sig – der Liebgott gsäch nämlech aues.

D Wuche druuf isch z Williswiu Chiubi gsi, u der Patrick isch eine vo de beschte Schütze gsi am Luftgwehrstand. Är het sech vorgsteut, di Cartonröhrli, wo me mues träffe, sige am Loosli sini Finger.

Nach der RS isch der Patrick i Aargou zoge. Aber am Liid- u Bluetfescht ghört er bi Weschtwind vo sim Baukon uus gäng no d Kanoneschüss vo Williswiu.

Midwuchnamittag

Mi Kolleg, der Alfons, het aus Ching nüt lieber gmacht aus Fernseh luege. I bi jede Midwuchnamittag zue nem u mir hei zäme Fernseh gluegt u am haubi sächsi bin i haub trümlig wider hei. Mini Mueter het sech immer sehr ufgregt, wen i ihre verzeut ha, dass mer scho wider der ganz Namittag nüt angers gmacht hei aus Fernseh z luege. Bi däm Wätter der ganz Namittag dinn ghocket? Het si aube gseit u si begriifi nid, dass das am Alfons sini Mueter erloubi.

Bi üs daheim hets für ds Fernsehluege Guetschiine ggä. Die hesch der mit Abwäsche, Outo putze, Hamschter mischte u Stoubsuge chönne verdiene. U für jede Guetschiin hesch ei Sändig dörfe luege. U zwar zwüsche füf u sächs u nume bi schlächtem Wätter. U für jede Guetschiin, wo d nid für ne Fernsehsändig bruucht hesch, hets Änds Wuche es Zwänzgi ggä. Es strängs Regime. Kes Wunder isch der Alfons nie zu mir cho am Midwuchnamittag.

Wo bim Alfons daheim einisch der Fernseh kabutt isch gsi, si mer de haut gliich use. Mir hei gstudiert, was mer chönnte mache, da het der Alfons gseit, me chönnt doch a Kiosk ga Sigarette choufe. Gueti Idee, han i gfunge, un es isch überhoupt kes Problem gsi, di Marylong z übercho, me het ar Kioskverchöifere eifach fescht müesse i d Ouge luege u säge, si sige für d Mueter. Mir ersch zwöufi u es si üsi erschte Sigarette gsi u mir hei nid gwüsst, dass me nid aui uf einisch sött schloote. Mir si de hinger ds Trafohüsli u nach ere Stung isch das Päckli wägggroukt gsi. Üs isch es drufabe eländ schlächt worde, u d Mueter vom Alfons het gseit, vo itz aa sig fertig mit Usegah am Midwuchnamittag. U si het no a däm Tag am Radio-TV-Habegger aaglüte, är söu dä Fernseh subito cho repariere.

Bügulift

Wo der Zbinde im Zug uf Nöieburg isch ghocket, gseht er chli witer vore e blondi Frou i sim Auter. Gopfridstutz, dasch doch d Ramseier Susle, dänkt er u wi ne Fium louft i däm Momänt ds Schilager vierenachtzg i sim Chopf ab.

1984, achti Klass, Schilager Saanemöser. Für ne Achtklässler, wo permanänt i mehreri Meitschi vo sir Klass verliebt isch, gäbs kes bessers Schigebiet aus Saanemöser, het der Zbinde gseit. Niene gäbs so viu Bügulifte wi z Saanemöser u der Bügulift sig der bescht Ort, für somne Klasseschatz chli nööcher z cho. U är heig gäng gluegt, dass es ne mit emne Meitschi zäme a ne Bügu preicht heig, das chönn me stüüre, müess am richtigen Ort ir Schlange stah, müess wüsse wie, u är sig dertdüre e richtige Profi gsi. U mit der Susle sig är gäng am liebschte am Bügu gsi. Die heig ou es Oug uf ihn gworfe gha, u si heig aube nüt dergäge gha, we si Euboge wi zuefäuig chli a ihrem Euboge sig aacho. Stundelang het de der Zbinde nächär aube vo dere Susle chönne tröime, stundelang het er tröimt, wi d Susle un är ganz alei, auso nume si zwöi, inere Auphütte sige, iigschneit, u si chömi nümm furt vo dert. U am letschte Tag vom Schilager, der Zbinde u si wider zäme am Bügu, chätschet di Susle amnen Öpfu ume u fragt ihn plötzlech, öb är o ne Biiss wöu. Der Zbinde, wo süsch Öpfle gar nid gärn het gha, het gnickt u het i dä süess Öpfu bisse, biisst i dä wunderbar, süess Öpfu, wo d Susle i ihrne wunderbare, süesse Häng het gha, i dä Öpfu, wo d Susle drann ume gchätschet het, u der Zbinde, klar, isch im sibte Himu gsi, het usgseh wi uf LSD, so ne guete Öpfu het der Zbinde überhoupt no nie gha.

Zu meh aus am Bügulift z Saanemöser isch es de aber mit der Susle nie cho, u won er z Nöieburg het wöue usstige u di blondi Frou o, het er sech so iigreielet, dass er genau hinger ihre gstangen isch, wi denn z Saanemöser am Bügulift, aber für meh aus ihren Eubogen aazluege u chli z tröime, het si Muet o hütt nid glängt.

Läbere

Wo mi mini Grossmueter wider einisch zumne Sunntigszmittag iiglade het, het si mer am Telefon gseit, i chönn mi fröie, es gäb de Läbere. I ha dänkt, i sig ehrlech, u ha re gseit, wen i öppis nid gärn heig, sigs Läbere, öb si nid öppis angers chönn mache, i sig ja süsch ke Heikle un es müess nüt Grosses si, e Wurschtsalat wär mir zum Bispiu rächt, aber d Grossmueter het gseit, weisch, i mache di Läbere so, dass du gar nid merksch, dass es Läbere isch. Aber itz wüss i ja, dass si wöu Läbere mache, han i gseit, u de nützi das o nüt, dass me nid merki, dass d Läbere Läbere sig, u scho nume d Vorstelig, i müess e Läbere ässe, lüpfi mi fasch. Das sig so öppis Feins, het d Grossmueter gseit, u ersch no gsung u guet für ds Isen im Bluet, u der Dokter heig ihre gseit, we si nid so viu Schwiinsläbere ggässe hätt, wär weis, öb si no würd läbe hütt. I ha grad wöue säge, dass ihre Dokter haut no alte Schule sig u dass d Ernährigswüsseschaft hütt sicher nümm dervo überzügt sig, dass Schwiinsläbere bsungers gsung sig, da het d Grossmueter gseit, si miech de Croquettes derzue u si fröi sech u i däm Fau bis am Sunntig, u de het si abghänkt.

Am nächschte Sunntig bin i öppis nach den Eufe z Thörishuus bim Grosi gsi, wiu eis isch klar gsi: Ggässe wird am Sunntig am haubi zwöufi, ke Minute speter, dasch Tradition. I ha gäng no e chliini Hoffnig gha, dass es Wurschtsalat git, aber won ig i d Wonig ine bi, han i gschmöckt, dass i hütt äuä i dä suur Öpfu mues biisse. I bi a Tisch ghocket u d Grossmueter het gschöpft. Für mi nume Croquettes, han i e letschte Versuech gmacht, da isch d Läbere scho uf mim Täuer gläge. Di Sosse, het d Grossmueter gseit, heig si vo ihrer Mueter glehrt un i wärdi stuune, wi weni dass me vo dere Läbere merki. Widerstang isch zwäcklos gsi. I ha ne Bitz Läbere abgschnitte, ha ne mit Sosse zuedeckt, gliichzitig es Croquettli i ds Muu gstosse u abe mit. Gruusig wi ne Moore. Nid schlächt, han i gloge u ha di Läbere abegworget u überleit, win is chönnt verhindere, dass mer d Grossmueter no einisch usegit, aber vergiss es: Scho isch di zwöiti Portion uf em Täuer gläge. Won i o die dunge ha gha, het mi d Grossmueter aber so aagstrahlet, dass i für das Ässe meh aus entschädiget bi worde.

Schrebergarte

Über sis Läbe gäbs nid viu z säge, het der Hans-Jörg gseit. Über d Vergangeheit wöu är sowiso nid rede. Är sig hütt zfride mit sim Schrebergärtli. Klar, e Frou wär scho öppis, mit ere Frou zäme wär aues chli schöner, me chönnt de d Fröid a de grosse Zucchetti u a de Blueme teile, zäme es Glas Epesses trinke u chli brichte mitenang. Aber o komplizierter sigs, aues wärdi sofort viu komplizierter. U für das heig är es Händli, het der Hans-Jörg gseit, für komplizierti Froue. Der Schade sig i sine Beziehige gäng grösser gsi aus der Nutze, Bilanz negativ, het er gseit, sig äuä déformation professionnelle, einisch Buechhauter immer Buechhauter, aber d Bilanz sig äbe wichtig, ou i Beziehige. Der Toni, sit über driissg Jahr Chef vom Schrebergarte Chegubode, het zueglost, gnickt, e Schluck Gaffee gno u gseit, di guete Froue sige dünn gsääit. Der Toni isch gäng da, wes ne bruucht. Uf e Toni chasch zeue. We ds Wasser nid ablouft, we der Strom nid geit oder o eifach, we d öpper bruuchsch zum Rede. Der Toni het gäng Zit.

Aus Buechhauter heig är ehner es längwiligs Läbe gfüert, da sig nid viu passiert u är heigs o nid gsuecht, ds Abentüür, heigs lieber rueig gha, aues i subere Bahne, kes Risiko, keni Überraschige, u äbe drum gäbs über sis Läbe nid viu z säge. Der Toni het gnickt u gfragt, öb är nid einisch z Russland sig gsi. Ds Wiissrussland, het der Hans-Jörg gseit, wäg der Katja. U di Katja heig er würklech gärn gha, aber vou i Seich cho sig er wäg dere. Nachdäm er se z Oberburg inere Bar abgschleppt heig, heig sech die grad iignischtet bi ihm daheim u är heig da eigentlech nüt dergäge gha, sig schliesslech solo gsi u chli Wermi heig ihm gut ta. Aber äbe, e naive Galööri sig er gsi. Di Katja heig sini Wonig aus Drogedepot bruucht u eines Tages sig e Fahnder vor Kantonspolizei ir Stube inn gstange, e Dürsuechigsbefäu vom Staatsaawaut ir Hang. Är heig de mit zum Verhör müesse u zwe Polizischte heige i der Zit sini Wonig uf e Chopf gsteut. Gfunge heige si zum Glück nid viu, ds Depot sig grad läär gsi, di Katja heig es Riiseglück gha u är äuä o. Heig de am Richter chönne verchoufe, dass är vo auem nüt gwüsst heig, u das heig ja eigentlech o gstumme u wahrschiinlech heig ne si seriös Bruef da useglüpft. Öb ihm de gar nüt ufgfaue sig, het der Toni wöue wüsse u der Hans-Jörg het gseit, är heig di Schachteli u Seckli im Geschtezimmer scho gseh u är heig sech scho sini Gedanke drüber gmacht, was di Katja der ganz Tag ir Wonig tüeg u vo was si läbi u so, aber uf e Grund gah heig er däm nid wöue. Är heig ere nume gseit, ihre Bsuech söu bis so guet dür e Tag cho, wen är nid daheim sig, u zitewiis müess das es rächts Glöif gsi si i däm Huus. Heig ere de no zeigt, wi me Röschti macht, het der Hans-Jörg verzeut, u wen er de am Aabe vom Bügle sig heicho us ir Chuchi nach brätletem Späck heig gschmöckt, sig er fasch echli glücklech gsi.

Nach der Usschaffig heig si nem eis SMS am angere gschickt, si sig einsam u si vermissi ne u si heig nüt z tüe u chaut sigs o i däm Minsk u si heig ke Job u ke Gäud für Gas u der Winter stöng vor der Tür. Är heig das genau drei Tag lang usghaute, de heig er sech chrank gmäudet im Gschäft, sig i si Peugeot ghocket u a eim Rieme uf Wiissrussland gfahre, zwöituusig Kilometer. Am nächschten Aabe sig er dert gsi u d Katja heig uf em Trottoir gwartet, heig nid wöue, dass der Hans-Jörg ihres Zimmer gseht, es Loch sig das. Heige de im Hotäu übernachtet u sige am angere Morge zrügggfahre, är heig se de zersch im Bahnhofbuffet Rhiifäude abgsetzt u sig ga luege, öb d Gränze suber sig. Vo denn aa sig d Katja illegal ir Schwiz gsi u heig wider bi ihm gwohnt. Aber dass si witerhin im Geschtezimmer Stoff abfüut, heig er nümm wöue. Du oder d Droge heig er zu ihre gseit, aber klar, was si der liebläng Tag gmacht heig, heig är ja nid chönne kontrolliere, u äbe, wi gseit, e naive Galööri sig er gsi u so sig er de i nächscht Seich inegrütscht.

Der Toni het gnickt un e Schluck Gaffee gno u gfragt, öb er sine Chürbisse nid chli Nahrig wöu gä, es dünk ne, di sige chli muderig, di mögti guet no öppis verliide u är heig no ne ganze Sack Dünger, Stickstoff-Phosphor-Kalium, är söu doch dä cho hole, u sini Frou u är heige im Sinn hinech no ne Wurscht uf e Grill z gheie, är söu doch de grad blibe, de chönn er ne verzeue, wi di Gschicht mit dere Katja sig witerggange.

Merci, het der Hans-Jörg gseit, är müess hütt früech ungere, heig morn öppis los, gärn es angers Mau. U wägem Dünger, är wüss nid rächt, aber vilech tüeg er umsteue uf Bio. Ihm wärs eigentlech no rächt, we das Gmües chli weniger gross chiem, är sig ja alei u mög di Sache sowiso nid äsee. U Bio sig ersch no biuiger u besser für d Natur, het der Hans-Jörg gseit, auso mit däm Düngersack söu er afe no warte. We de meinsch, het der Toni gseit un e Schluck Gaffee gno. U auso de, häb der Sorg.

Uf em Sitzplatz vo sim Schrebergärtli het de der Toni di ganzi Gschicht sir Frou verzeut. Da heig der Hans-Jörg eine düregmacht, het si gseit. Aber am meischte gäb ere scho z dänke, dass er itz wöu Bio mache. So Gschichte chönni eim haut scho sehr verändere.

Läbeskund

Der Chlöisu het Baukon glöst, isch i Chinosaau ine, isch abghocket u het dänkt, klar, s wird si wi gäng, am Schluss bin i wider nienen angersch aus im Chlöschterli am Pastis-Suufe, u wen i einisch, numen einisch chönnt mitmache, einisch chönnt derbii si i somne Fium, aber klar, dasch e Schnapsidee, totale Chabis, u gliich, es chönnt ja si, dass er i däm Fium, won er scho weis nid wi mängisch gseh het, dass i däm Fium plötzlech dä, wo gäng uf em Dach hocket, i ds Publikum luegt u seit, he du, ja genau di meini, u würd uf e Chlöisu zeige, u är zersch unglöibig, meint dä würklech mi, u der Schouspiler no einisch vor Liinwand obenabe, är söu itz cho, me warti uf ihn. U der Chlöisu steit uuf, louft los, i d Liinwand ine, u grüessech mitenang seit er, dass das funktioniri, erstuuni ihn itz gliich, är heig mängisch tröimt dervo u nie dänkt, dass das müglech sig, u grüessech, Herr Cohen, dir sit o hie, u ja klar, we das e Cohen-Fium sig, seit der Cohen, de müess er wou oder übu hie si un es sig ke Schläck, so ne berüemte Regisseur z si, gäng we wider so ne Cohen-Fium gmacht wärd, müess är uf em Set si u tagelang uf däm unbequeme Stueu hocke u d Lüt umejage u derbii ligi ihm beföle gar nid.

Läck du mir, het der Chlöisu dänkt, dass ig hütt am Cohen begägnet bi, gloubt mer daheim niemer, u excusez, het er der Schouspiler gfragt, wo di haub Zit uf emne Husdach isch ghocket, öb är nid der Herr

Stuhlbarg sig. Ja, het dä gseit, schön, dass me ihn kenni, u öb ig der Ethan scho heig gseh. I wüss nid, öbs der Ethan oder der Joel sig gsi, aber är sig zimlech schlächt druff gsi, het der Chlöisu gseit, aha, i däm Fau sigs zimlech sicher der Ethan gsi, het der Herr Stuhlbarg gseit, wiu der Joel heig säuten e schlächte Luun, u was är hütt no los heig, nach em Drääje göng er aube no i ds Little Big Man mit em Joel u mit em Ethan eis ga zie, wen er Zit heig, söu er doch mitcho, u klar, het der Chlöisu gseit, gärn! U dänkt, tamisiech, wiso han i ke Föteler mitgno, das gloubt mir z Chonufinge niemer.

Es hätt ne wundergno, werum der Stuhlbarg grad ihm gwunke het, werum usgrächnet ihm, aber itz afe mau fertig drääje u när i Apéro, u o wen er im Momänt no nid gwüsst het, wien er hie wider usechunnt, het er dänkt, dass er das niemerem chönn verzeue. Är wärdi, wi we nüt wär gsi, us däm Chino useloufe, im Chlöschterli e dopplete Pastis bsteue u när hei ga schlafe u di Gschicht für sich bhaute.

Im Little Big Man het der Joel es Istee bsteut, u der Ethan het zum Chlöisu gseit, me heig es Problem mit ihm. Der Chlöisu het glachet u gseit, är sig ganz Ohr, u der Herr Cohen het gseit, es sig ihm ärnscht u sis Grinse chönn er sech spare, u wen er nid no di Wuche ds Gäud überwisi, chönn er das Projekt hie abbräche, d Schouspiler schaffi nämlech nid gratis u är o nid u mit Lüt wi ihm zäme z gschäfte sig ihm e Gröiu, u wen är bir Mafia wär, hätt er ne scho lang mit Betonfinke imne See versänkt. Der Chlöisu het dänkt, das gloub ihm daheim gopferteli würklech niemer, u är het sech i däm Momänt vorgno, i Zuekunft nume no mit sir Kamera i Chino z gah, so öppis chönn doch gar nid wahr si, u excusez, Herr Cohen, het der Chlöisu gseit, aber das sig äuä es Missverständnis, är sig ersch no grad z Chonufinge im Chinosaau ghocket, Baukon, da heig ne der Herr Stuhlbarg, dä, wo im Fium meischtens uf em Dach obe sig, häregwunke, u nume drum sig är überhoupt hie u mit der Finanzierig vo däm Fium heig är im Fau überhoupt nüt z tüe, das chönn är ihm gloube, är sig nämlech Primarlehrer z Gysestei u das sit über zäh Jahr u mit Fium heig är rein gar nüt z tüe.

Merci für ds Istee, het der Ethan gseit, u är wüss, was es gschlage heig, u de si di beide ufgstange u furt si si gsi. Der Stuhlbarg het gseit, es tüeg em leid, aber so sig das mit em Joel u mit em Ethan, richtig ekligi Sieche chönni das si, wes um e Stutz göng, u we das Gäud bis Änds Wuche nid uf em Lade sig, heig är es Problem. U we me mit de Cohen-Brüeder es Problem heig, de guet Nacht am sächsi, u wen är ihn wär, würd er das Gäud uftribe, schliesslech sig das di einzigi Wäut, won är no heig. Aber är sig doch vo Chonufinge, het der Chlöisu gseit, u heig dert Frou u Ching un es eigets Huus u morn müess är wider ga Schueu gä, sini Sächstklässler warti uf ihn, är heig aus scho präpet, Doppustung Läbeskund, u d Arbeitsbletter ligi kopiert daheim uf em Tisch u das sig doch eifach es riisehuere Missverständnis!

U si Frou het d Ching i ds Bett ta u der Fernseh aagla u dänkt, es sig scho spät, u der Wirt vom Chlöschterli het sech no drüber gwunderet, dass der Chlöisu hüt nach em Chino nümm zum Pastis isch cho.

Abgwäut

I däm Momänt het der Bidu nümm gwüsst, wie witer. Isch vou am Aaschlag gsi. Itz heig er vierezwänzg Jahr für di Gmeind gchrampfet, vierezwänzg Jahr, i söu mer das mau vorsteue, vierezwänzg Jahr heig er aues angere zrügggsteut für sini Ufgaben aus Gmeindspolitiker chönne z erfüue. U itz abgwäut. Das sig der Dank. Är heig sech gäng guet vorbereitet, gäng aui Akte studiert, o die vo de Gschäft vo den angere Gmeindrät, u der Sunntig sig si Dossiertag gsi, sini Frou chönn es Lied singe dervo. Dossiersicher sig er gäng gsi, dass heig em nid nume di eigeti Partei atteschtiert. We d i dere Gmeind aus Soziaudemokrat i Gmeindrat gwäut wirsch, luegt der aues uf d Finger, chasch der ke Fauxpas leischte, ke einzige, muesch gäng guet informiert si u zu auem e Meinig ha. U dass är itz nid nume vo de Rächte, sondern o vo sine eigete Lüt sig abgsaaget worde, chönn är nid begriife. Dür ds Band düre sig är vo de Wähler vor Liischte gstriche worde u d Christine Studer-Büenzli heig gmüetlech chönnen erbe, was är vierezwänzg Jahr lang ufbout heig für di Gmeind. Was är dene Wähler zleid ta heig, frag er sech. Sig doch o ir Kulturkommission guet aagseh gsi, heig gäng öppis Gschiids gseit, sini Vorschleg sige gäng guet aacho. Sig eine vo den Erschte gsi im Dorf mit emne Minergiihuus. U ohni Outo. Das sige si ar Natur schuldig, heig är gäng zu sir Frou gseit, we si gfragt het, öbs nid Zit wär, es Outo aazschaffe, es chliises würd ihre länge u Gäud sig gnue uf der Site, nei, das sige si ar Natur schuldig, heig är gseit, u o am Wähler. Wasser predige u Wasser trinke – das söuen em di angere Lingge zersch mau nachemache. Dass är itz vo den eigete Lüt vor Liischte sig gstriche worde – das chönn är äuä no lang nid verdoue.

Bidu, han i gseit, du hesch gäng no dini Frou un e gueti Gsundheit, dasch doch ds Wichtigschte im Läbe, un e schöne Bruef, da würd no mänge gärn tuusche mit dir, aber der Bidu het der Chopf gschüttlet. Weisch, het er gseit, das Schueugä sig ihm scho lang verleidet. Är machis nume no sir Frou zlieb, die miech sech süsch Sorge u de heig er en ändlosi Diskussion daheim u das wär no fasch erger aus Schueugä u är wüss nid, wenn dass er ds letschte Mau öppis vorbereitet heig, u d Büeze tüeg er aube scho i de Schueustunge korrigiere. Tag für Tag di Ching aaluege u dene öppis verzeue, wo se nid intressieri, öppis verzeue, wo o ihn säuber mittlerwile nümm intressieri, het der Bidu gseit, das miech ne fertig, das sugi ne uus. Ds Einzige, wo ihn no interessieri, sig d Politik u är sig nume dank däm Gmeindratsmandat nid vom Stängeli gheit, nume dank däm heigs ne no nid usgsteinlet u ir Fraktion heig är gäng Erfoug gha, heig gäng gwüsst, vo was er redi, sini Sache sige gäng aacho, är sig gäng guet vorbereitet gsi u nid nume d SPler, nei, o di Grüene heige meischtens gnickt, wen er en Idee bracht heig, wen er für Tämpo 30 im Dorfchärn gredt heig, wen er vorgschlage heig, d Sackgebühre ufeztue, wen er e Zuekunftstag für aui Bürgerinne u Bürger initiiert heig, wen er erklärt heig, werums meh Gäud bruuchi für d Jugendarbeit u was är erläbt heig, won er der Jugendträff sig ga bsueche. Won er gseit heig, me sött meh Parkbuesse verteile u ds Gäud am Inschtrumäntefonds vor Musigschueu gä, won er vorgschlage heig, der Iitritt i d Badi söu gratis si u finanziere chönn me das über ne Erhöchig vor Hundestüür. Nei haut, hie sig ja d Verena Wermuth-Hegetschwiler vo de Grüene dergäge gsi, wiu si mit ihrem Leonbärger scho gnue Uslage heig, aber item, grundsätzlech, grundsätzlech sig är ir Fraktion gäng guet aacho. Oder denn d Aktion *Meh Böim* oder sini Kampagne *Üses Dorf läbt*, öb i mi no mög bsinne, är heig ja denn Press gha bis i Nachberskanton.

Bidu, han i gseit, du hesch di gäng iigsetzt für dini Sach, hesch gäng Vougas ggä, das mues me der höch aarächne. Är heig doch gäng sachlech politisiert u sig o vor angere Site reschpäktiert gsi, heig nie es schlächts Wort ghört, u itz das, itz di Abwau, är chönn das nid begriife. Itz heig er nume no sini Frou u d Schueu. D Kulturkommission müess er ou abgä. De hör er im Gmischte Chor u ir Füürwehr äuä o grad uuf. Am beschte würd er sech sowiso grad – hör uuf, Bidu, so darfsch nid dänke, Bidu, han i gseit, chumm, riiss di zäme, riiss di am Rieme, gopfridstutz, du weisch gar nid, was den aues hesch, was du aues Schöns hesch i dim Läbe!

Aber sövu sigs ja eigentlech gar nid, han i dänkt, ehrlech gseit, sigs fasch nüt meh, u wen är sech plötzlech säuber, auso irgendwie würd mes ja verstah, aber hoffentlech nid vor de Ching. Der Bidu het sech ja gäng gärn säuber inszeniert, im Schueuzimmer, im Chor u im Gmeindrat, sogar im Schüelertheater, won er auben e chliine, unerwartete Uftritt het gha, wi der Hitchcock i sine Fiume. Wen i mir vorsteue, dass sech der Bidu uf der Büni vor vouer Turnhalle, vor aune Eutere u Ching u der Schueukommission bi sim chliine, unerwartete Uftritt, es chönnt ja e Roue si, won er e Pischtole bi sech mues ha, e Krimi oder es Röiberstück. Dass ig der Bidu vor SP-Liischte gstriche ha, isch mer gar nümm rächt gsi.

Burnout

U när sig är plötzlech i so nes Burnout inegrasslet. Är hätt nie dänkt, dass das ihn o chönn preiche, aber doch, offebar sigs eso, si Psychiater, är müess ehrlech säge, o nach zwöi Jahr bring är das Wort fasch nid über d Lippe, si *Psychiater* heig das bestätiget, är heigs schwarz uf wiiss, das Burnout, aber guet, hütt wüss är, dass es o angers gäb aus ds Schwarze uf em Wiisse, aber für ihn aus Garagischt heig haut scho gäng nume das zeut, won er schwarz uf wiiss heig gha, wen er eifach jedem gloubt hätt ohni schwarz uf wiiss, wär er scho lang verlumpet, aber verlumpet sig er ja nid, im Gägeteu, so nes Burnout sig ja ehner ds Gägeteu vomne Konkurs, obwou, wen er sechs so überlegi, sig so nes Burnout natürlech o nen Art Seelekonkurs, aber das sig itz o nid ds richtige Wort, wiu är ja gar nid a so öppis wi ne Seeu gloubi, u nach füf Jahr Therapii, es sig em wahnsinnig zwider, das Wort i ds Muu z näh, Therapii, Therapii, Therapii, Therapii, nach füf Jahr Therapii bim Psychiater, nach füf Jahr The-ra-pii bim Psy-chi-a-ter heig er usegfunge, dass es nid nume schwarz u wiiss gäb u dass es Sache gäb, wo würksam sige, o we me se nid schwarz uf wiiss chönn gseh, Gedanke zum Bispiu. Gedanke chönne würksam si, heig är usegfunge, ja würklech, *är* heig das usegfunge, nei, nid der Psychiater heig em das gseit, dä heig em nämlech eigentlech sowiso gar nüt gseit, dä heig em nume Frage gsteut, di richtige Frage gsteut, ja sicher, so ne Psychiater, me machi sech da ganz fautschi Vorstelige, so ne Seeledokter gäb eim keni Tipps, gäb keni Ratschleg, sägi der nid, wie u was de söusch u wie u was nid, u klar drääisch da mängisch fasch düre, wiu we d mit so eim redsch, fö de d Redli im Hirni aa drääje, de fat de dis Chöpfli aa rotiere u d Lämpli fö a lüüchte u d Drähtli wärde heiss, strüber aus imne überhitzte Volvomotor, u plötzlech bisch imne Labyrinth mit dine Gedanke, so nes Labyrinth, wo de nümm weisch, wi d wider usechunnsch, nid so eis, wi uf em Chinderspiuplatz, sondern es richtig schwirigs, so eis wi vom Chünig Minos z Knossos, es Syschtem vo Verzweigige, fautsche Wäge u Sackgasse, u der Theseus het ja de i das Labyrinth inemüesse, am Minos si Muni ga metzge, u dä hätt der Wäg use nümm gfunge, wen em d Ariadne nid en ufgliirete Wulefade mitgä hätt.

Si Psychiater sig em gäng vorcho wi der Wulefade vor Ariadne, wo ne am Schluss vor Therapiisitzig wider sicher zum Usgang vom Gedankelabyrinth begleitet het. Wi dä das gäng gschafft het, ihn nach präzis füfzg Minute wider dört z ha, won er ne het wöue, ne wider süferli het la lande un e schöne Tag gwünscht het, u är, obwou er während em Gspräch i di töifschte Schluchte gstigen isch, sig wider ganz zur Tür uus. Der Muni ga z metzge, sig em bis itz no nid glunge, är heig eifach afe das Labyrinth erkundet, gäng schön mit däm Wulefädeli, un es sig eigentlech komisch, het er gseit, dass d Ariadne, auso d Tochter vom Chünig Minos, wo das Labyrinth het la boue, am Theseus dä Wulefade heig ggä, di eigeti Tochter, u das sig vilech symbolisch gmeint, dass äbe ds Problem u d Lösig us der gliiche

Familie chöme, u wen är denn, nüünzähhundertnüünesibezg, d Silvia nid hätt lehre kenne, hätt er o nes paar Problem weniger gha i sim Läbe, aber vermuetlech o nes paar Lösige weniger.

Är, wo d Landmaschinewärchstatt vom Vatter gerbt u drus e richtigi Outogarage gmacht het u offizielle Citroënverträtter isch worde, u si, wo usgseh het, wi we si für Marylong Modäu wär gstange, es schöns Paar si si gsi, es schöns Garagischtepaar, u we si mit ihrem gäube Citroën GS vorgfahre si, beidi e Sunnebrüue uf em Chopf, hei sech d Lüt umdrääit u hei ne nachegluegt. U nach der Hochzit isch si zueständig gsi für ds Bänzin u für e Kiosk. U d Garage isch gloffe wi veruckt, är het suber gflickt u nid überrisse ghöische, u si gäng fründlech, gäng chli plouderet mit de Stammchunde, mänge, mänge Liter Benzin het si usegla i dene füfedriissg Jahr, gäng i de Jeans u mit länge, blonde Haar, u mängen Outofahrer het nid nume wägem Benzin dört aaghaute. U o der Kiosk isch gloffe, potz heilanddonner. D Garage isch genau uf em Schueuwäg gsi u am Namittag hei d Schüeler aube der haub Kiosk läär gchouft. Seven-up im Büchsli, Zänermöcke, Füferchätschi u Cocifröschli, Carambar, Zuckeräppeeri u Bäredräckstange. U we di einte zaut hei, hei di angere no schnäu heimlech, we d Silvia nid häregluegt het, im *Praliné* oder im *Schlüssuloch* bletteret, aber für meh aus zwo Site het der Muet aube nid glängt. Goudgruebe würd är däm nid säge. Es sig scho gäng guet gloffe, aber gäge Schluss zue sig er eifach mit auem überforderet gsi. Heig no usbout, e zwöite Arbeitsplatz gmacht u gäng dermit grächnet, dass der Stefan de di Bude mau würd übernäh, aber itz heig dä nach der Lehr no d Matur gmacht u wöu itz Theologii studiere, är dörf das niemerem säge, der Stefan, wo doch gäng Bänzin im Bluet heig gha, göng itz zu de Pfaffe, das heige me itz dervo, dass fang jede Hiufsarbeiter chönn ga studiere, u ja, das heig em scho sehr z schaffe gmacht. U eigentlech sött er sech ja gar nümm ufrege, wiu mit sim Psychiater heig er das ja mängisch gnue besproche, u zwüschdüre frag er sech scho, für was är so viu Gäud i di Therapii butteret heig, wen er de aube gliich wider der Koller überchöm.

U när heig sech d Spirale aafa drääje, är heig gäng meh büglet u gäng weniger Zit gha für sich, u de sige plötzlech Rächnige blibe lige, gar nid är, so öppis, aber är heig eifach nümm nachemöge, u gliich heigs ne dünkt, är schaffi gäng langsamer, u de heig das aagfange mit de Konzentrationsschwirigkeite u de Schlafstörige u de Sehstörige u der Dokter heig em afe mau Ritalin ggä u är heig sech e Läsebrüue zuecheta, aber d Spirale heig trotzdäm gäng meh drääit, u nid öppe abwärts oder ufwärts sigs ggange, nei, ihn heigs gäng witer usetribe, är sig gäng schnäuer i ds Drääje cho, bis ne einisch eifach imene uhuere Tämpo furtgspickt heig, ke Ahnig, wi das genau passiert sig, uf jede Fau heig ne d Silvia imne Egge vor Wärchstatt gfunge, sig cho luege, was los sig, wiu ds Telefon ewig lang glütet heig un ärs nid abgno heig. Ligi är auso da am Bode, ir rächte Hang en öuverschmierte Hudu, u d Silvia heig sofort am Dokter Huwyler aaglüte. Dä het de ne Kreisloufkollaps diagnostiziert, es bluetdrucksänkends Medikamänt ggä u ne zwo Wuche chrank gschribe, är söu sech mau chli vo sim Stress erhole. Aber klar, är heig sech natürlech nid zwo Wuche chönne stiu häbe, wär hätt de sini Büez gmacht, u d Chunde hei o nid ewig Geduld, u we si ghöre, dass de zwo Wuche usser Gfächt bisch, hesch se verlore, u nöime här müess ja ds Gäud cho, auso vom Bänzin alei heigsch de no nid ggässe.

U när sig das öppen es haubs Jahr ggange, u plötzech sig är wider i der Spirale gsi un es heig ne wider usetribe u gäng schnäuer drääit u wider dervogspickt, u dasmau heig ne der Dokter Huwyler i d Klinik iigwise, u dert heig das aagfange mit dere Therapii, Therapii, Therapii u dene Psychiater u Psychologe u Psychotherapöite u Psychiatriipfleger u au dene Psychoweisiwas, un är heig es Burnout, hets gheisse, u dasmau isch er nümm so schnäu dervocho, är het de grad meh weder vier Wuche gar nümm mögen ufstah. U äbe, itz sig er drann, mit sim Psychiater i sis Labyrinth inezgah, jedesmau chli witer u chli töifer u wider nöimen angersch häre u nen unbekannten Egge, u mit Hiuf vom Wulefade vor Ariadne wider usezfinge. U d Silvia machi gäng no ds Benzin u der Kiosk, u d Versicherig zali ihm der Erwärbsusfau itz no nes haubs Jahr, u när wüss er o nid, wie witer. Aber äbe, d Gedanke sige wichtig, u är probieri itz eifach gueti Gedanke z ha, vilech nützi das, aber nöime här müess ja o ds Gäud cho, u d Rächnige Änds Monet chönn er ja de gliich nid mit Gedanke zale.

Umsidlig

E Zwangsumgsidlig sig das, was me da mit ihre vorheig, u ds Rächt uf freji Wohnortwaau ghöri zu de UNO-Mönscherächt, het d Grossmueter gseit, si heigs im Internet nachegluegt, u werum das für si nid gäuti, werum dass ds UNO-Mönscherächt usgrächnet für si nid gäuti, u das wärdi ihre *Pfad der Tränen*, aber nid wi denn bi de Cherokee-Indianer nach Fort Gibson, sondern i ds Autersheim Sunneblick. Si söu nid übertribe, han i gseit, vo Zwangsumsidlig chönn ke Red si u si heig e Hang zur Dramatik u si gsäch doch säuber, dass si ihres Eifamiliehüsli z Thörishuus nümm mög gmache, han i gseit, was das z tüe gäb u si chönn ja der ober Stock gar nümm bruuche, si, wo nümm chönn Stäge loufe, u me chönn froh si, gäbs hütt so gueti Heim mit auem Drum und Dra, wo si bruuchi, Lift u fründlechs Personau u angeri Lüt, wo si chönn lehre kenne, u was si itz plötzlech heig, mir sige doch das Autersheim zäme ga aaluege.

Angeri Lüt lehre kenne!, het d Grossmueter gseit. Si wüss genau, was das für Lüt sige. Tattergreise, wo eim mit offenem Muu aaluege, aber kes Wort usebringe, we me mit ne wott rede, u wo gar nümm merke, wi längwilig di Autersheimchuchi isch, jedi Wuche ds Gliiche, Currygschnätzlets am Mäntig, Hörnli mit Ghacktem am Ziischtig, Chrugeli am Midwuch, Bratwurscht am Donschtig, Flundere am Fritig, chauts Plättli am Samschtig u am Sunntig e Rindsschmorbrate mit Härdöpfustock. Aber da reklamiert niemer, klar, wiu die aui gäng scho wider vergässe hei, was es letscht Wuche het ggä. Aber was si no wüsse, isch, dass si denn am 14. Februar 1958, wo der Schwigersohn, en Ingenieur übrigens, Ingenieur ETH, wo dä vore Amerikareis, ja, steu der vor, Amerika, isch zrüggcho, dass si denn a däm Aabe Chüngeliragout mit Polenta gmacht hei.

Was si eigentlech gäg di Seniore heig, si ghöri ja o zu dene u bi ihre sig doch das mittlerwile o so, dass si sech besser a früecher aus a geschter mög bsinne. Chabis, het d Grossmueter gseit, si chönn mer vo jedem Tag vom Zwöituusiguvierzäni säge, was si für Chleider anngha heig und öb ig verbiicho sig oder nid. I has scho fasch ufggä, mit ihre z strite, da isch mer plötzlech der Herr Brand z Sinn cho. Der Herr Brand isch z Thörishuus früecher mau ihre Nachber gsi, un i gloube, si isch chli verliebt gsi i ne, u är isch itz o scho füf Jahr im Sunneblick.

I bi am nächschte Sunntig zue nem u ha ne gfragt, öb er sech nid mau bi mire Grossmueter chönnt mäude u se motiviere, i Sunneblick z zügle, es sig dringend nötig, d Spitex sig überforderet u ihre Maa scho lang tot u überhoupt müess si wider chli unger d Lüt cho, öb er ihre vilech es Chärtli chönnt schicke, si würds sicher fröie, si heiges denn ja guet gha zäme, z Thörishuus, wo si no näbenang gwohnt heige. A d Martha heig är scho lang nümm dänkt, het der Herr Brand gseit, u schön, dass si no läbi, u klar mög är sech no bsinne u klar heige sis guet gha zäme, sehr guet sogar, het der Herr Brand gseit, u we si no ds gliiche Telefonnummero heig wi denn, lüt är ihre hütt no aa.

U scho am nächschte Tag het mer d Grossmueter gseit, si heig sechs itz überleit mit däm Autersheim, u wes um ds Verrode müess si, de söu i se haut aamäude. U mit em Herr Brand heig das de im Fau gar nüt z tüe, überhoupt nüt – si göng wäg em Ässe. Schiints sig d Chuchi würklech fein dert u gsung o no. Das heig ihre der Dokter Huwyler gseit u däm chönn me gloube. U bir Umsidlig bruuchis de mi nid. Der Herr Brand heig gäng no si aut VW-Bus iigsteut, dä mit de Vorhäng a de Sitefänschter. Dä wöu er de wider zwägmache – für ds Zügle u vilech o für ds einte oder angere Usflügli zäme.

Chliikunscht

I der Chliikunschtszene het me ne kennt. Är het jedes Jahr es nöis Programm gha u isch mit däm i aune Chäuertheater vor Dütschschwiz ufträtte. D Veraastauter hei ne gschetzt, wiu er so bescheide isch gsi. Ihm het es Sandwich un es Fläschli Minerau ohni Gas vor em Uftritt glängt. U nach em Uftritt isch er mit sim Renault Kangoo gäng no heigfahre, es Hotelzimmer het är nie bruucht. E Wuche vor der Vorstelig het er sech bim Veraastauter gmäudet u di gnaui Aakunftszit düreggä u gseit, nei merci, me müess ne nid am Bahnhof abhole, är chöm mit em Outo. Sini Gage isch aagmässe gsi u är hets gschetzt, we si überwise isch worde. So nes Bigeli Hunderternötli entgägeznäh, isch ihm piinlech gsi. U wes nid Hunderter-, sondern chliini Nötli si gsi, het er gwüsst, dass si diräkt us der Aabekasse chöme u dass di nätte Lüt vo däm defizitäre Chäuertheater di ganze Iinahme itz ihm grad wider hei müesse abgä, u das het er fasch nid vertreit. Wen är ufträtten isch, si d Chäuertheater gäng drüviertu vou gsi. Ds Publikum het gäng gchlatschet u meischtens ei Zuegab verlangt. Nach der Vorstelig isch er imene früsche Hemli ar Bar gstange, het en Öpfusaft trunke u chli mit de Lüt gredt. Das het ds Publikum gschetzt u der Veraastauter o. Wohär är o di vile Idee heig? Win är das aues usswändig lehri? Öb er das aues säuber erfunge heig? Was är für ne Usbiudig heig? Öb me das überhoupt chönn lehre? Mit was är eigentlech si Läbesungerhaut verdieni?

Bi däm heig men öppis für ds Gäud, hei d Veraastauter gseit. Dä redi so, dass mes verstöng, hei d Zueschouer gseit. Dä sig uf em Bode blibe, hei sini Fründe gseit. O d Journalischte hei ne gschetzt. Är het nie über ne Artiku gchlagt, het d Interviews nie wöue gägeläse u är het gäng aui Frage beantwortet. We nüt ir Zitig isch cho, isch er genauso zfride gsi, wi wen öppis isch cho, o wes öppis Kritischs isch gsi. Är het das verstange.

Unger Künschtlerkollege isch er nid unbeliebt gsi. Was är uf der Büni gmacht het, het niemer schlächt gfunge, u aus Konkurränt het ne niemer gfürchtet. Sini Kunscht sig solid, het me gseit. U nid nume aus Künschtler heig är Qualitäte, o aus Mönsch sig är nid unsympathisch. Me het säute schlächt gredt über ihn u me het vo ihm nie es schlächts Wort über angeri ghört.

U bim Adiösäge het er d Veraastauter gäng gfragt, öb si zfride sige mit den Iinahme, öb si hütt Aabe usecho sige, u nei, hei si gseit, aber das tüeg sech de wider usgliiche, we nächscht Monet Ursus und Nadeschkin chömi, e Doppuvorstelig, ds Biliee für 45 Franke, sit emne haube Jahr usbuechet. Einisch usbuechet, einisch so ne richtig guet bsetzte Chäuer, e brätschetvoue Chiuchgmeindsaau, es Chliitheater, wo us aune Näht platzt u d Lüt dusse Schlange stöh, e Gmeindsbibliothek, wo zweni Stüeu het – das hätt er sech scho gwünscht. Nid nume für sich. O für e Veraastauter, wo de sicher zfride wär gsi mit ihm. De wär o är zfride gsi. Oder sogar glücklech.

Hunger

Si Name sig Hunger, het er gseit, Aubärt Hunger, u är het si Name mit Chride a d Wandtafele gschribe. Dass der nöi Lehrer vor Klass 3c Aubärt Hunger heisst, het d Kanderstäger Schüeler scho chli irritiert u ir Pouse het der Manuel gseit, Hunger heissi me nid, Hunger heig me, u het es *hat* zwüsche Albert u Hunger inegschribe. Der Herr Hunger het das gseh u glachet u gfragt, wäm dass är zu däm Wortspiu dörf gratuliere.

Der Manuel isch nid sicher gsi, öb der Hunger das ärnscht meint oder ironisch, öb er itz chönnt Pünkt hole im Dütsch oder öb das e Faue sig, u är het beschlosse, vorlöifig nüt z säge, het d Arme verschränkt u uf ds Pult gluegt. Si söue doch mau aui mögleche Sätz ufschribe, wo me mit dene drü Wörter *Albert, hat* und *Hunger* chönn mache, het der Lehrer Hunger gseit u de hei die Schüeler, wo hei wöue, e Satz chönne vorläse. Nach *Albert hat Hunger, Hunger hat Albert* und *Hat Albert Hunger?* het nume no der Manuel d Hang ufgha u gseit: *Albert Hunger hat Hunger*, un es heig niemer gseit, me dörf di Wörter numen einisch bruuche.

Der Aubärt het dänkt, das sig es gwitzts Bürschteli, bi däm müess er äuä ufpasse u är mach afe mau chli Satzlehr, de chönn er grad mau zeige, wär hie der Chef sig, u tatsächlech het de o der Manuel gschwige, wo ne der Lehrer mit Verb, Subjekt u Objekt isch cho u verzeut het, dass men uf Katalanisch würd säge *Hat Hunger Albert* u uf Koreanisch *Albert Hunger hat*. Änds vo dere Lektion het der Aubärt dänkt, das Müetli vo däm Manuel sig itz öppe gchüelet, het ne non e Brätsch Husufgabe ggä, dass es ne fasch schlächt isch worde, u gseit, ab i d Garderobe, Doppustung Turne, vier Mannschafte mache, d Julia verteilt d Bändeli. Itz afe mau es Stündli schutte, het der Aubärt dänkt, bi de A-Juniore het er vor füfzäh Jahr im Mittufäud gspiut, het zu de beschte Schütteler im Dorf ghört, u däm Manuel wöu er itz grad mau zeige, wär hier der Meischter sig.

Är isch de grad chli stotzig dri, het ke Zwöikampf gschüücht, u klar, dä Manuel het natürlech o guet gschuttet, dä isch ja nid nume wäg sine Wortspili so beliebt gsi ir Klass, dasch natürlech e Sportkanone gsi, u das sig itz ganz e wichtige Momänt, het der Lehrer Hunger dänkt, e Schlüssusteu i sim nöie Lehrerdasii ar Oberstufe Kanderstäg. Wen er itz chönn zeige, dass är chönn schutte, dass är im Sport der Chef sig, de wärdi ne sini Schüeler reschpäktiere. U vilech sogar no chli meh aus das, wen er sini Sach guet machi, würde si ne sogar chli verehre, o ir Pouse über ihn guet rede, vilech würd sech sogar ds einte oder angere Meitschi i ihn verliebe, aber ds Wichtigschte sig gäng der Reschpäkt. Vor däm het der Hunger am meischten Angscht gha, dass men ihn nid chönnt reschpäktiere, daderfür het er aues wöue gä, u grad im Sport, het er dänkt, chönn är d Hierarchii kläre, hie chönn me zäme e faire Kampf ustrage nach klare Regle, hie heig o mau dä Schüeler e Chance, wo ir Mathematik ds Pulver nid zum Chlepfe bringi, hie chönn eine Erfoug ha, wo kes Diktat unger driissg Fähler, aber am Reck der Abschwung mit emne Salto machi. U der Aubärt auso vou drii i däm Schuttmatch, u das het er ganz sicher nid äxtra gmacht, dasch eifach dumm ggange, dä Manuel isch über si Fuess gstoglet, isch mit der Sohlen am Bode blibe chläbe, het sech wöuen uffaa, het ds Bei verdrääit u isch mit emne grissne Chrüzband am Bode blibe lige. Grännet het er win e chliine Hung, der Lehrer het d Schüeler i ds Klassezimmer gschickt, alei ir Turnhalle chönn är se nid la si, viu z gfährlech, si söuen en Ufsatz schribe zum Thema *Verantwortig*, mindeschtens einehaub Site, u när het er der Manuel i si VW treit u isch mit em i Notfau gfahre.

Aber so ne Manuel, so ne heimleche Chef, fäut me nid ungstraft, scho gar nid, we me Aubärt Hunger heisst. Nach ere churze Diskussion im Klassezimmer si sech d Schüeler u Schüelerinne vor Klass 3c einig gsi, dass der nöi Lehrer das äxtra gmacht heig, wiu er nid erteit heig, dass der Manuel besser chönn schutte, u me heig ja scho ir erschte Stung gmerkt, dass der Hunger öppis gäge Manuel heig, u si hei eistimmig beschlosse, wider Grächtigkeit härzsteue u der Hunger z bestrafe. D Maja het d Idee gha, dass aui i ihres Ufsatzheft der gliich Satz schribe: Wir wollen einen gerechten Lehrer! u fertig. Das hei nid nume d Meitschi, wo vo Natur uus en unerklärliche Grächtigkeitssinn hei, guet gfunge, sondern o d Giele, wo ja vo Natur uus fuu si.

Alarmstufe rot, het der Hunger dänkt, won er am Namittag d Ufsatzheft vo sir Klass aagluegt het. Itz heig er scho am erschte Tag e Hattrick gschafft, het er zu sech gseit: Krach mit em Alphatier, Stress mit de Meitschi un es iigschinets Schüelerbei. Wo no am gliichen Aabe e Mueter aaglüte u gseit het, nächscht Wuche sig de der Zirkus Knie im Dorf, es sig bi ihne sit driissg Jahr Tradition, dass me mit de Schüeler göng, u am Donschtignamittag sig ja nume Zeichne u es hätt no freji Plätz, het der Lehrer Hunger gwüsst, dass er sech für hütt mues gschlage gä.

Schmitte

Plötzlech hei mers ghört chrache u rüefe u wit hinge im Tau hei mer d Stoubwouche gseh. Mit waggelige Wägeli uf schmale Schine si si i ds Dorf abe brätteret u hei ds Erz us der Gruebe heibracht. Plötzlech toucht ir Bärgflangge der überladnig Zug uuf, vou Bleiglanz u Zinkbländi. Uf em vorderschte Wage hets zwe Brämser. Die hocke uf em Rand vor Wanne u häbe sech mit beidne Häng am Brämshebu. Ir Kurve lige si use u schriisse am Hebu, dass es schüttlet u gixet u stübt, u wär sech nid guet häbt, spickts ab em Wage wi ne Mischtchäfer. Ds haube Dorf steit bim ungere Rank u luegt zue.

Wo der Zug uf em Schmeuzbode z haute isch cho, hei d Manne ihri Hüet abzoge u der Stoub vo ihrne Chittle gchlopfet. D Müetere hei ihri Sühn umarmet u d Ching hei schüüch gluegt. Itz Wasser ab der Brunneröhre, der Haus isch vou Stoub gsi. Gredt het me nid viu, nach dere Fahrt hei d Grueber, wi me ne gseit het, nüt meh ghört, nume no ds Kreische vo de Wageredli hei si i den Ohre gha. Wuchelang si si i den Erzgruebe gsi. D Luft dert obe isch troche u ds Wasser knapp. Es isch e Büez gsi für di Zääischte, für di Sterchschte. Di Bringere het me daheim uf em Hof gla. E Familie het nid ungärn e Grueber gsteut, es het guets Gäud ggä u das het me gäng chönne bruuche. We de aber dä Suhn imene schlächt gsicherete Stoue isch verschüttet worde oder bir Abfahrt vom Wägeli gfloge u nümm läbig

79

zrügg isch cho, het me sech scho guet müesse überlege, öb me no einisch eine wöu schicke.

So isch es o bi Caspars gsi. Der Silvio isch der dritt Summer ir Gruebe gsi. Vor de Gruebeniigäng si ihri Steihüser gstange. Am Aabe isch gfüüret u gchochet worde, düüri Bohne u Mais. Si hei zwo Miuchchüe derbii gha, es paar Fläsche Röteli u ihri Jagdgwehr, u we eine d Jagdluscht packt het, hets zur Abwächslig Munggefleisch ggä oder e Vogu u säute mau es Gemschi, u zum Zit-Umebringe het me sech Gschichte verzeut oder amne Houzbitz umegschnitzt. Der Silvio isch de ir Gruebe vomene Stei am Chopf troffe worde. Liide het är nid müesse. Sini Liich het me, iigwicklet imene Tuech, mit em Erzbähndli i ds Tau bracht. Es isch nie es guets Zeiche gsi, we nume eis Wägeli isch cho z fahre, ohni Lärm u ohni Stoub. Är isch ir Stube im offene Sarg ufbahret worde, wo nem der Dokter Item der Schädu zuegnääit het gha. Ds Dorf het der Rosechranz bättet, der Silvio isch beärdiget worde u Vatter u Mueter Caspar hei am Chuchitisch drüber gredt, öb me itz der Armin söu schicke. Dä wär gärn ggange, het nie öppis uf ds Pure gha, het de Manne, wo im Juni mit schwärem Gepäck am Tobu entlang gäg d Erzgruebe ufe marschiert si, gäng nachegluegt u gwüsst, wen är gross isch, geit er mit. Es isch de angersch cho. Der Silvio, won es Jahr jünger isch gsi aus der Armin, het scho bau meh Chraft gha, u so isch de der Silvio mit sächzäni mit i d Gruebe.

Nüt isch, het d Mueter gseit, wo der Silvio nümm läbig zrügg isch cho, der Armin blibi hie, ei Bueb ir Gruebe z la längi, u so isch das beschlosse gsi, der

Vatter isch uf ds Fäud, wo der Armin am Määje isch gsi, u si si zäme i ds Gras ghocket, u der Vatter het gseit, puret müess o si u är söu sech wäge däm nid hingersinne. Der Armin isch ohni öppis z säge ufgstange, het d Sägesse packt u het witergschaffet. Über d Gruebe het me nie meh gredt u der Gurt isch no einisch es Loch änger aazoge worde.

I bi denn no chlii gsi u ha nüt müesse, ha nume dörfe. I ha der ganz Tag mit der Mueter dörfe si. Einisch ir Wuche isch d Poschtkutsche cho u het Briefe bracht, mängisch es Päckli u d Seck für ds Kolonialwarelädeli. I bi mit der Mueter der Poschtsack ga hole u mir hei zäme d Poscht sortiert u d Mueter het d Briefe gstämplet. Niemer het so schnäu chönne stämple wi mini Mueter. Gäng zwöimau uf ds Stämpuchüssi u einisch uf d Margge u wider zwöimau uf ds Chüssi, u scho isch der Stämpu wider uf ds nächschte Couvert gfloge. Der Sortierchaschte isch mir unändlech gross vorcho, obwous i däm Dorf sicher keni hundert Adrässe het ggä. Gäg di zäne isch der Pfarrer cho, grüessech Herr Pfarrer, gelobt sei Jesus Christus! – In Ewigkeit amen, i hätt gärn füf Briefmargge für ds Usland.

Churz vor em Mittag het mini Mueter d Poscht bschlosse u mir si zäme uf d Tour, ig im Leiterwage, der Pöschtelerhuet uf em Chopf un es Hundegüezi ir Hang, wo di gfährleche Beschtie hätt söue bändige und üs freji Bahn verschaffe. Meischtens isch de aber gliich numen e müede, aute Jaghung unger em Bänkli füregchroche, wo überhoupt nume isch fürecho, wiu ig em vo Witem es Hundegüezi häregschosse ha. Di auti Rätia Brazerol vor Holte het mängisch Schlüüfchüechli bache. Der Priis derfür han i gärn zaut: Wen ig i so nes Chüechli bisse ha, het si mit ihrne fautige, bruunbrönnte Häng mini Chrusle gwuuschet u derzue gmurmlet: So ne schöne Bueb!

Am Namittag, we mini Cousine vor Schueu isch heicho, si mer zämen es paar Blüemli ga pflücke, hei bim Pfarrer glütet u gfragt, öb er üs die würd sägne. Är het das unkompliziert unger der Tür gmacht, zack, si di Blüemli gsägnet gsi, u irgendwie isch üs das wichtig gsi, u mir hei ne no gfragt, öbs e Sünd sig, we Cousin u Cousine tüege hürate. U de si mer zu ihrem Kapäueli uf em Chrüzwäg. Si het ufta, het di verblüüite Blueme uf ds Fäud gschosse, di früsche iigsteut, e Cherze aazündet u am Schluss no ds Kapäueli usegwüscht. Wi früsch duschet si mer itz über d Matte gsprunge, hei zäme gschwätzt u glachet u probiert Eidechsli z fa.

Am sächsi het d Toteglogge glütet u mir si i Rosechranz. Trotz em warme Summeraabe si mer pünktlech ir Chiuche gsi. Mir hei nid wöue tschuld si, we der Silvio nid i Himu chunnt. Zum Znacht hets Siedfleisch mit Polenta ggä u derzue iigleiti Bireschnitz, u überem Dorf isch der schwär Gruch vom Blei gläge, wo itz ir Schmitte us de heisse Steine grunne isch.

Täfer

Zu de paar wenige Sache, wo am Hans Indergand vor Riedfurggiaup blibe si, ghören e Foti vom Muli, e Poschtcharte vor Eva und dä Bannspruch, won är im vierenachtzgi ufgschribe het. D Stube u ds Schlafzimmer i sir Zwöizimmerwonig z Köllike het er säuber täferet. Glehrt isch glehrt, het der Hans gseit u het im *Migros Do it* Fichtetäfer gchouft, nid 1A-Qualität, aber weisch, het der Hans gseit, zwöiti oder dritti Qualität isch nid nume biuiger, sondern o schöner, het meh Aschtlöcher, u är verstöng nid, werum öpper aschtlosi 1A-Qualität wöu, grad d Aschtlöcher sige doch ds Spezieue am Fichtetäfer, Natur sig das, u wär es aschtlochfreis Täfer wöu, söu doch lieber gipse statt täfere, u für ihn sig Täfer mit Aschtloch, am liebschte dritti Qualität, es Stück Natur ir Stube, e chli Waud im Schlafzimmer, Wermi, Gmüetlechkeit, Geborgeheit, richtig heicho chönn är da, obwou är z Köllike nid daheim sig.

Grad hinger der Lärmschutzwand vor A1 wohni är, u d A1 säg em so weni wi 1A-Täfer. Är sig nid wäg der Outobahn hiehäre zoge. Zuefau sig das, dass es ihn aus Hirt hiehäre verschlage heig, aber was heisst scho Zuefau, het der Hans gseit, der Herrgott heig das äuä scho richtig gmacht, me müess nid aues verstah im Läbe, der Herrgott wüss äuä scho, werum är ihn vom Urnerland uf Köllike verpflanzt heig, u wen är mau im Himu sig, wöu er ne de frage, der Herrgott, aber das bruuchi itz haut no chli Geduld, wiu är sig ersch zwöiesächzgi u no guet zwäg, der Petrus chönn rueig nomau abhocke u der Schlüssu i Hosesack näh, so schnäu chöm der Indergand Hans no nid i Himu ufe, u wen er de mau dobe sig, heig er non es paar Frage meh, zum Bispiu wett er de vom Herr Jesus Chrischt wüsse, werum er im zwöienüünzgi e Blitz i ds Blüemli heig la fahre, grad i ds Blüemli, wo so ne gueti Chue sig gsi. Nie ungeduldig, nie munelig, nie umeranggig, gäng brav im Stau u uf der Weid, e schöni Chue sig das gsi, ds Blüemli, e liebi Chue, mängs Chaub heig si ihrem Bsitzer gschänkt, u chuum gworfe, scho wider trächtig, Natursprung sig das gsi, ja, bim Blüemli heigsch no chönne e richtige Muni zuela, die heig gäng schön stiu gha. Öb das no chrischtlech sig, wöu er de der Herr Jesus frage, so ne bravi Chue mitsamt ihrem Chaub im Buuch mit emne Blitzschlag z Bode z mache.

U Negu derzue, schöni, schmali Vierzgernegu us Staau, grad Aktion im *Do it*, e Hunderterschachtle nume sibni füfzg u füffachi Cumuluspünkt, u Dachlatte für ds Grüschte, aber wie hei mit däm Züüg. Itz wär der Eiachser guet, dä Eiachser hätt er haut gliich söue mitnäh, aber was wosch, isch denn aues so schnäu ggange u me het nume ds Nötigschte chönne mitnäh u wi hätt me das Eiachserli vor Riedfurggiaup überhoupt uf Köllike bracht, wie. Är hätt chönne abefahre, aber das hätt äuä öppe zwo Wuche duuret. So nes Eiachserli wär itz genau ds Richtige, für di ganzi Ladig vom *Do it* a d Safewilstrass z bringe. Är hets de vom Husliferdienscht müesse la lifere, der Chauffeur het em ghoufen ablade, u der Hans het gseit, är sig der Hans, u der Chauffeur het gseit, är sig der Bashkim, u si hei zämen es Gaffee gno, u der Hans het gseit, är sig nid vo Köllike, är sig vo Silene im Kanton Uri und uf der Riedfurggiaup unger em Leidseepass heig är nüünedriissg Sümmer lang ghirtet, zu guet füfzg Chüe un nomau söu Rinder gluegt, zäme mit zwene Zuesenne. Gchäset heige si am Tüüfu es Ohr ab u jeden Aabe der Bättruef grüeft u vor em I-ds-Bett-Gah heig er gäng no der Bannspruch gseit: Im Namen unseres Herrn Jesus Chrischtus beschwöre ich dich, Satan, dass du an diesem Ort weder durch Überschwemmungen noch Hagel oder Sturm mir und meinem Vieh schadest.

Är sig o nid vo Köllike, het der Bashkim gseit, u bi sich daheim heig är gäge d Wöuf es Zeiche i ds Türgreis gschnitzt u a jedem Husegge einisch a Bode gspöit, bevor er sig ga schlafe. Das schützi nid nume vor em Wouf, sondern o vor Unghüür, Ungezifer u vor Ungfeeu, u we das nüt gnützt hätt, hätt er de gäng non e Schrotflinte unger em Bett gha. U z Oberentfäude heig är sini ganzi Wonig täferet, d Schrotflinte heig er nid chönne mitnäh, u öb er em bim Täfere söu häufe, z zwöit göngs gäbiger, är heig itz sowiso grad Firaabe u daheim warti niemer uf ihn.

U de hei di beide Manne bis spät i d Nacht ine Fichtetäfer dritti Qualität a d Wang gnaglet, derzue Gaffee trunke, u der Bashkim het Lieder gsunge, z Köllike ar Safewilstrass, u irgendwenn isch das Täfer dobe gsi, der Bashkim isch ggange, me het sech nie meh gseh, u Fichtetäfer sig nid nume schön, het der Hans dänkt, sondern o gäbig, u het sini Foti vom Muli u d Poschtcharte vor Eva u der Bannspruch vor Riedfurggiaup mit Riisnegu ar Houzwang ufgmacht. Der Muli heig em denn ds Läbe grettet, gelobt sei Jesus Chrischtus, drü Jahr isch das itz här, isch är im Waud gsi mit em Zuesenn, e Tanne hei si gschlage, u der Muli hätt se us em Waud söue zie, aber dä Armlüüchter vo Zuesenn het dr Hou nid suber i Stamm gschnitte u di Tanne isch aus angere aus dörthäre, wo si hätt häre söue, nämlech genau uf e Hans zdorf sig si, u wen er sech nid i letschter Sekunde hätt chönne unger e Muli wärfe, wo grad näb ihm sig gstange, wär er itz im Paradies am Blüemele. Der Muli heigs nid überläbt. Heig unger der Tanne gröchlet u biischtet, u är heig em de mit em Bieli der Gnadestoss ggä u der Zuesenn hätt er am liebschte o grad erschlage – Heilige Mutter Gottes, vergib uns unsere Sünden, wie auch wir vergeben unseren Sündigern – u däm Muli sig är ewig dankbar.

U näb der Foti vom Muli d Poschtcharte vor Eva. D Eva sig e Gueti gsi, d Eva sig di Einzigi gsi, wo a ihn gloubt heig, denn won är di Erfindig gmacht heig, d Eva heig em Gäud ggä, nid viu, aber so, dass es glängt heig, e witere Zuesenn aazsteue, wiu är heig itz plötzlech ke Zit meh gha zum d Chüe iitribe, mäuche, chäse u zuune. Heig itz der ganz Tag u mängisch no dür d Nacht a sire Erfindig gschaffet, heig tröimt, är chönn chli öppis verdiene dermit, nid z viu, eifach sövu, dass er ar Eva aues chönn umegä u no öppis für ihn würd blibe für nes Eifamiliehuus z Erschtfäud u für nes chliis Outo u de chönnt er sech mau umeluege für ne Frou, wär weis, vilech hätt sogar d Eva Inträsse, itz won är de glii e berüemte Erfinder sig, u klar sig er nümm der Jüngscht, klar göng er itz gäge sächzgi, aber *die Hoffnung stirbt zuletzt*, wi der Pfarrer Gnos gäng gseit heig, der Pfarrer Gnos, wo ihm aus Ching gäng d Biicht abgno het, gäng het müesse lose, win är ar Mueter nid gfouget – *dass ich Gutes unterlassen* – u mit der Schwöschter gstritte heig – *und Böses getan habe* –, u scho isch der Hans wider ir Chuchi gsi u het witer a sire Erfindig umetüftlet. Isch nid eifach gsi für eine wi ihn, wo nüt vo Chemii versteit, wo acht Jahr Primarschueu gmacht u när ds Pure glehrt u ds Läbe lang d Sümmer uf der Aup verbracht het. Aber e Gschickte isch er gsi, der Indergand Hans, un e Schlaue, u mit däm Biogas, won er us der Chuebschütti gwunne het, het ers de würklech härebracht, unger viu Druck di Nidle z schüüme, ohni dass me se het müesse schla, u das isch gwüss ke eifachi Ufgab gsi mit de Chuchigrät vor Aup Riedfurggi.

Dass der Rahmbläser denn scho isch erfunge gsi, het der Indergand Hans nid chönne wüsse, wius im Lädeli vor Luzia Arnold nüt Serigs het ggä. Näbscht e chli Mercerie u Konsärve u Kolonialware het si nume grad ds Nötigschte gha, Öu u Sauz u Rössli 7, aber sicher ke Rahmbläser, u nöimen angersch isch der Hans nie ga iichoufe. Me het ggässe, was daheime gwachsen isch, u trunke, was daheime brönnt isch worde, u einisch im Monet isch d Mueter uf Altdorf, u im Früelig u im Herbscht isch der Chleiderstör cho u me het für di ganzi Familie gno, was es bruucht het.

Wo itz der Hans ar Eva verzeut het, dass är mit sire Erfindig scho wit sig, u ihre gseit het, was är im Sinn heig, het si nem e Kisag-Rahmbläser uf d Aup la bringe, u ir Schachtle isch di Poschtcharte gsi, wo itz ar Safewilstrass ar Täferwang hanget. Är söu der Chopf nid la hange u si heig ne gärn u är sig es gschiids Kärli, nume leider mit sire Idee z spät u Gäud für e Zuesenn schick si i däm Fau vo itz aa nümme.

Der Hans het der Rahmbläser usprobiert u dä het tipptopp funktioniert u d Zuesenne hei no gseh, wi der Hans dä Rahmbläser unger gottsläschterliche Flüech i ds Füürloch gheit het. I dere Nacht isch d Auphütte uf der Riedfurggi i Flammen ufggange u bis uf d Grundmuure abbrönnt. Öbs der Rahmbläser isch gsi, wo explodiert isch, oder öb der Hans säuber das Füür gleit het oder öbs, wi me z Silene verzeut, e Straf Gottes isch gsi, e Blitz us heiterem Himu, het me bis hütt nid usegfunge. Der Pfarrer Gnos het für e Hans präventiv drei Rosechränz la bätte, u us em Motor vom Eiachser wachse hütt Brönessle.

Sunneblick

Wo mini Grossmueter Geburtstag het gha, bin i se im Autersheim ga bsueche. I ha dänkt, bringsch ere es Blüemli un e Schachtle Frigor, prichtisch chli mit ere u nimmsch der wider mau Zit für se. Si het ja süsch niemer meh. Einisch im Jahr, dasch sicher nid z viu verlangt. Machsch mit ere es Spaziergängli, geisch den Änte ds aute Brot ga ineschiesse u de Zwärggeisse ga sälü säge u no schnäu über e Fridhof, am Unggle Wauter ds Weihwasser ga gä. Wär doch truurig, we mini Grossmueter gar niemer hätt, wo sech chli um se würd kümmere. We gar niemer würd merke, dass si Geburtstag het, we re niemer tät gratuliere u niemer würd es Gschänkli verbiibringe. Vilech bring ere no nes Heftli, so eis us der Autersheim-Cafeteria, de cha si no chli Chrüzworträtsu löse, wen i wider bi ggange, de isch si chli abglänkt.

Wo mer de am vieri am Namittag vom Spaziergang si zrüggcho, d Grossmueter un ig, stöh drei vo ihrne Mitbewohner vor ihrem Zimmer. Öb me itz ändlech chönn gah, het der eint gseit, wo ne usglöschte Stumpe im Muu het gha u sech am Rollator ghäbt het. No schnäu chli Lippestift, het mini Grossmueter gseit, när bin i parat. Si gönge itz no i Bäre zäme, het si mer gseit, u nüt für unguet, aber si müess itz los, abgmacht sig abgmacht. Weisch, het si zu däm mit em Stumpe gseit, mi Änku, der Martin, isch itz über vierzgi u gäng no ledig. Usser mir het dä niemer. Dä isch froh, wen er zwüschdüre hiehäre cha cho. U de gan i mit em es Spaziergängli ga mache, den Änte ds aute Brot ga ineschiesse, de Zwärggeisse ga sälü säge u ga mit em über e Fridhof, am Unggle Wauter ds Weihwasser ga gä. Es het ne de aube scho hert, wider z gah. Aber spateschtens imne Jahr toucht er wider uuf, gäu Martin! U si isch mit ihrne Kollege loszoge, Richtig Bäre.

La Fée

La Fée, hei si ehrfürchtig gseit, wo si us em Deschtilierrohr tropfet isch, u jede het sis Glas gfüut, hets gäge ds Chäuerfänschter ghäbt u dür di klari Flüssigkeit gluegt, e Schluck gno u d Ouge zueta. Ar Wang isch es Zitat vom Oscar Wilde ghanget: *A glass of absinthe is as poetical as anything in the world.* Der Georges isch zwüsche de Bei vo de Manne umegschnaagget u irgendwenn am Bode iigschlafe, umnäblet vo Schnapsdämpf u Wortschwade. U wo ne der Vatter zmitts ir Nacht i ds Bett treit het, isch er churz erwachet u het gfragt, öb si hütt Aabe sig cho, la Fée. Der Vatter het gnickt u am angere Morge het sech der Georges vorgno, ds nächschte Mau lenger wach z blibe, wiu er se unbedingt mau het wöue gseh, di Fée. Der Vatter het ne zuedeckt u isch zrügg i Chäuer. Meh weder ds haube Dorf isch um si Brönnhafe gstange, um si Stouz, um e gröscht Brönnhafe im Tau. Fläsche um Fläsche hei si abgfüut u wider es Glas gno, à la Fée!, u ds Glas no einisch gfüut, à Travers!, u abe mit u witergschaffet, Zäpfe drigschlage u non es Glesli u gäng wider Sud vom Fass nachegga, u cul sec!, hingere mit.

Z Bärn verstöng das niemer, het der Vatter gseit, derbii gäbs kes bessers Mittu gäge Winterrappu u Liebeschummer, gäge mal au cœur u gäge Würm. We der Georges Buuchweh het gha, hets gäng e Schluck Blanche ggä, so het d Fée hie gheisse, es klars, durchsichtigs, unschuldigs Wässerli. Nume ja nid färbe, nume ja keni Chrüter drii. We si di verwütsche, we si di ar Gränze usenäme u der Koferruum muesch uftue oder we si der uf em Wäg uf Nöieburg abpasse, söu so ne Richter zersch mau bewise, dass i dere Fläsche öppis Verbottnigs isch. Aber we si ders chöi nachewise u we si no der Brönnhafe finge, de Gott sei dir gnädig! Mindeschtens drü Jahr Hannse.

Am Aabe isch der Georges mit sir Mueter uf em Ofe ir Stube ghocket, het warmi Miuch mit Honig trunke, das sig guet zum Iischlafe, het d Mueter gseit, u si het em es wäutsches Schlaflied gsunge, mit ihrem Bärner Akzänt, wo si o nach über zäh Jahr Val de Travers nid wäggbracht het, u plötzlech het dusse der Hung aaggä. Tais-toi, Tirasse, het d Mueter grüeft, dumme Hung! Aber der Tirasse het nid ufghört, d Mueter isch ufgstange, het der Vorhang uf d Site gschobe u gseht zwo Gstaute uf ihres Huus zuecho. Der Hung isch uf se zuegsprunge u het ne d Zäng zeigt, aber di beide hei nüt kennt, si si zum Huus häre, hei a d Tür gchlopfet u d Mueter het ufta. Zwe Polizischte vo Nöieburg. Il est où, votre mari?, het der eint gfragt ohni z grüesse, u der Georges het sis Härz ghört chlopfe, aber d Mueter isch rueig blibe u het gseit, är sig nid da. Il est où alors, het der anger wider gfragt, à l'extérieur, het d Mueter gseit, voilà. Di zwe hei sech aagluegt, hei uf den Absätz gchehrt u bim Wäggah grüeft: Faites attention! On va l' trouver! Der Tirasse isch de beide Kantönler nachegsprunge, bis me se nümm het gseh, u der Georges het grüeft, är söu se i ds Füdle biisse. Schwigsch äch, nom de dieu, het d Mueter gseit un em eis uf ds Muu ggä.

Gfunge hei si der Vatter no i dere Nacht i sim Jagdhüttli. Uf em Ruebett isch er gläge, di gladeni Schrotflinte näbe sich. Aber won er erwachet isch, het er scho ds chaute Ise a sine Handglänk gspürt u är het di beide Polizischte zum Brönnhafe gfüert.

Zwüsche Travers und Nöieburg heige ne d Kantönler letscht Wuche usegno, wiu er z schnäu ungerwägs sig gsi. I de Fläsche, wo d Polizei im R4 gfunge het, sig ke Bäzi gsi, isch ir Zitig gstange. Der Kantonschemiker heigs schriftlech ggä. U si hei nid lugg gla, les flics, hei gwüsst, dass es meh git aus di zwöuf Fläsche, wo der Vatter am Wirt vor Brasserie Cardinal het wöue bringe, hei gwüsst, dass nöimen e Deschtillerii steit.

Itz isch der Vatter z Hannse. Der Brönnhafe isch konfisziert u der Georges träumt dervo, se einisch z gseh, di Fée.

John Deere

Won em d Emmi scho wider der Miuchpriis drückt het u d Diräktzalige z spät si cho, wiu er wider mau e Computerabsturz het gha u ds Formular nicht rächtzitig het chönne abelade, het sech der Hans Hirschi ärnschthaft aafa Gedanke mache, win är der Riedmattehof lengerfrischtig cha über Wasser haute, so, dass dä Hof o no vo sine Ching u Grossching bewirtschaftet cha wärde. Usswärts ga schaffe, so wis im Tau mänge Puur macht, isch für ihn nid i Frag cho, är sig gäng si eiget Chef gsi, är bruuchi kene, wo ihm sägi was u wie. Är sig e stuuren Esu, het d Margrit gseit, är heig äbe no Ehr im Ranze, het der Hans gseit. Vo Ehr im Ranze heig no niemer gläbt, het d Margrit gseit, aber da isch der Hans scho wider i ds Miuchbüechli vertöift gsi u het nüt meh ghört. Won er scho wider vier Chirschiböim hätt müesse nachepflanze, für uf gnue Standardarbeitschreft z cho, un em e Sturmwind ds Dach vom Wageschopf blase het, het der Hans gseit: So nümm. U är isch a Computer ghocket u het aafa schribe:

An das Bundesamt für Landwirtschaft. Sehr geehrte Damen und Herren. Mein Name ist Hirschi Hans, geboren wurde ich als viertes von fünf Kindern auf dem Riedmattenhof in Rohrmoos. Schon früh half ich dem Vater bei allen möglichen Hofarbeiten. Bereits in der vierten Klasse, als uns der Lehrer fragte, was wir einmal werden wollten, sagte ich: Bauer. Der Vater starb noch während ich im Bauernlehrjahr war. Er verrichtete sein Leben lang gefährliche Arbeiten, starb aber dann mit dem Töffli, als er eines Nachts vom Jassen nach Hause fuhr und die Kurve verpasste. Wir konnten es fast nicht glauben, der Vater kannte doch die Gegend wie seinen Hosensack. Die Mutter war wütend, weil er geradeaus fuhr und sie mit fünf Kindern alleine liess. Ich musste sofort nach Hause und den Hof übernehmen. Die Winterschule im Hondrich konnte ich mir somit ans Bein streichen. Aber ich liebte diesen Beruf und konnte jetzt machen, was ich wollte. Ich war der Meister im Haus und niemand musste mir das Maul reinhängen. Drei Jahre später lernte ich meine Frau, Margrit Hirschi, geborene Lanz, kennen. Der Ehe entsprangen drei Kinder: Lukas, Matthias und Josias. Der Mittlere hat es ebenfalls mit der Landwirtschaft und möchte einmal den Hof übernehmen. So weit, so gut, denken Sie, da wäre noch mancher Bauer froh, hätte er einen Sohn, der den Hof übernehmen will, und ich kann Ihnen sagen, auch ich bin froh darüber, andererseits aber auch traurig, weil, wenn es mit der Politik so weitergeht, ich dereinst nichts als eine verrostete Mistbenne vererben kann. Denn mit der Landwirtschaft geht es bergab! Mit den derzeitigen Beiträgen, und es werden immer weniger für einen wie mich, der die Bio-Mode nicht mitmacht, bleibt Ende Monat nichts mehr übrig. Und kommt dann noch eine Zahnkorrektur oder ein defekter Heuwender dazu, klafft Ende Jahr ein Loch in der Kasse. Und das Ersparte, welches dann widerwillig angezapft werden muss, schmilzt wie der Schnee im Horner. Wir brauchen keinen Luxus, aber etwas mehr als die Kartoffeln aus dem eigenen Garten ist wohl nicht zu viel verlangt. Eine Reise nach Spanien zum Beispiel. Aber mit einem Fünf-Hektaren-Betrieb ist das nicht möglich. Das Geld reicht nirgends hin, trotz Ökoheu- und Hochstammprämien. Die kleinen Bauernbetriebe sterben, was in Ihrem Amt Strukturwandel genannt wird. Aber wir Hirschis sind keine Zahl in einer Statistik, sondern Menschen. Für mehr Kühe reicht unser Boden nicht, und auswärts schaffen will ich nicht. Ich bin und bleibe Landwirt. Ich bitte Sie höflich darum, mir mitzuteilen, was Sie im konkreten Fall unserer Familie zu tun gedenken, wie Sie uns unterstützen wollen, damit der Riedmattenhof auch in Zukunft die Existenz der Hirschis sicherstellen kann. Denn was wäre unser Land ohne Bauern? Ich danke Ihnen für eine umgehende Antwort und schicke Ihnen dieses Mail, bevor uns der Strom abgedreht wird. Mit freundlichen Grüssen, Hans Hirschi, Landwirt, Rohrmoos.

Scho zwo Wuche speter het sech bim Hans e landwirtschaftliche Berater gmäudet. Är het vo Szenarie gredt, vo Innovatione u Alternative. Vo Freiloufstäu u schottische Hochlandrinder, vo Biospargle, Piuzkulture, Chrütergarte, vo Märitstand u Lamatrekking. Vo Schlafe im Strou u Erläbnispurehof. Chabis, het der Hans gseit u der Berater zum Tüüfu gschickt. Mit dene Ämter sig nüt z wöue, het er dänkt, wei ds Pure nöi erfinge. Schribtischlaferine aues zäme, u ihm chöm scho no ne gschiideri Idee, wi me zu chli Gäud chönn cho. U plötzlech chunnt ihm das Biud vo däm holländische Maler z Sinn, wo schiints für achtzg Millione sig verchouft worde, so isch es ir Zitig gstange, u so nes Bluemeströüssli bringti är öppe o no zstang. Am angere Tag isch er mit sim Lada uf Bärn gfahre u het im Baschtuzänter Liinwänd gchouft, Pinsle, Terpentin un es paar Tube Öufarb. Är het im Wageschopf d Liinwänd ufgspannet u aafa male.

Öb er nüt Gschiiders z tüe heig, het d Margrit gfragt, der Zuun wär zum Bispiu scho lang nache, oder wen er scho unbedingt wöu pinsle, söu er doch ändlech mau d Chuchi striiche. Der Hans het nüt gseit u het Bluemestruuss um Bluemestruuss gmale, u scho glii het er wider uf Bärn abe müesse zum Farbe nachechoufe, u ar Gwärbusstelig Rohrmoos het er de sini Heuge usgsteut. Stouz isch er weniger uf d Biuder gsi aus uf sini Gschäftsidee. Aber won er kes einzigs het chönne verchoufe, het er dänkt: ds fautsche Sujet. Wär hänkt scho nes Biud mit Blueme uf, wes dusse meh aus gnue dervo git? Muesch öppis male, wo d Lüt nid hei, aber gärn hätte, zum Bispiu e nigunagunöie Silobauebinder oder e Traktor, e grosse Traktor, eine, wo sech z Rohrmoos ke Puur cha leischte, breiter aus der Taubode, eine, wo de dermit z Nöiseeland Weizefäuder bis a Horizont chönntsch bsteue, u der Hirschi Hans het der John-Deere-Katalog füregsuecht u da si si gsi, di Määidrescher u Fäudhäcksler, di Frontlader mit 23-Gang-Powershiftgetribe, di 560 PS starche Traktore us der 8R-Serie mit klimatisierter Kabine u optimierter Zapfwäue. Aui het er sen abgmale, aui zäme. Ei Liinwand nach der angere het er gfüut mit John-Deere-Traktore. Aber leider o das ohni Erfoug. Ar Gwärbusstelig het er zwöi Biuder verchouft, aber d Iinahme hei nem nid emau d Farb zaut.

Si Nachber, der Ruedi, het em gseit, d Froue heige bi de Biuder äbe o no öppis mitzrede u die wöui keni Traktore ir Stube. Was da viu besser aachöm, sige Biuder vom Rolf Knie u der Knie verdieni es Heidegäud mit dene Ross. So ne Rolf Knie vom Hans Hirschi würd sini Frou sofort choufe, het der Ruedi gseit. U würklech: Ds Jahr druuf hei sini Rösser u Tiger u Glöön scho nach em erschte Tag auzäme e rote Punkt druff gha, u der Hans het sech überleit, was är mit däm Gäud wöu mache. D Gertrud Bächli vom Rohrmooser Bote het de über dä Erfoug e schöne Bricht mitsamt Foti gmacht, u so isch es nid lang ggange, bis zwe Fahnder vor Kantonspolizei uftoucht si u der Hirschi Hans mitsamt de Biuder mitgno hei.

Der Lukas, der Matthias u der Josias hei ds Tau verla, d Margrit het der Riedmattehof amne Basler Architekt verchouft u der Hans hets ir Strafaastaut Länzburg de bis zum Leiter vom Malatelier bracht.

Klavierstung

Vidovdanovic het er gheisse, mi Klavierlehrer, ig ir vierte Klass, e Jugoslaw sig er, vo Belgrad sig er, u mini Mueter het gseit, d Jugoslawe sigen es musikalischs Vouk un es sig es Glück, dass ig zu so öpperem i d Stung dörf.

Ihm het me nume Herr Vido gseit, wiu Vidovdanovic chönn der Schwizer nid säge, het der Herr Vidovdanovic gseit, u d Klavierstung isch gäng am Midwuch am haubi zwöi gsi, ig mit em Einer i d Stadt inegfahre, gäng chli z früe gsi, ha vor sim Huus gwartet, bis es haubi isch, ha vis-à-vis ir Beiz d Uhr über em Buffet aagluegt u jedi Wuche ghofft, si blibi stah, ha jedi Wuche ghofft, dass di Klavierstung nie wärd stattfinge, dass i nie meh zum Herr Vido müess, nie meh der Herr Vido müess ga beläschtige mit mine längwilige Stück, nie meh sini Verachtig müess gspüre für mini Unmusikalität, ha ghofft, i müess nie meh mit Härzchlopfe i das Huus ine zu däm schlächt gluunte Klavierdiktator, müess nie meh ghöre, dass ig wider z weni güebt heig u dass er sech bi minen Eutere wäge däm wärd mäude, nie meh müess ds Gfüeu ha, i stäli ihm sini Zit, sini wärtvoui Zit, won är, der gross Pianischt Vidovdanovic für viu, viu Bessers hätt chönne bruuche.

U nach der nächschte Predig han i aube wider chli meh güebt, der Herr Vidovdanovic sig haut e guete Lehrer, hei mini Eutere gseit, der Bueb üebt, der Bueb üebt wider, u si si erliechteret gsi, mou, dä Chaschte het me nid für nüt gchouft, das Gäud isch nid zum Fänschter uus gschosse gsi. U es het ja nid irgendöppis dörfe si, es het es Burger & Jacobi müesse si, Bieler Klaviermanufaktur, u so nes Inschtrumänt amortisiert sech äbe nid vo säuber, das amortisiert sech nume, we me druff spiut, het der Vatter gseit, Ton für Ton für Ton.

I ha nid gwüsst, was amortisiere heisst, u scho glii han is wider la schlittle u d Note am Aabe vor der Klavierstung ds erschte Mau i d Finger gno u gluegt, was i morn müesst chönne. Bi am Midwuchnamittag mit em Einer zum Herr Vido gfahre, ha gwartet, bis d Beizenuhr haubi zeigt het, bi dür das schlächt belüüchtete Stägehuus i zwöit Stock ufe, e Mage wi im Poschtouto uf em Nufenepass, un i ha gwüsst, dass der Vido weis, dass i da bi, d Stägetritte si der Countdown gsi zur Guillotine, un ig hätt mer i däm Momänt nume no gwünscht, mi i Nüt ufzlöse. Der Vido het mer sini strängi Hang ggä, het genau gwüsst, dass ig wider nüt güebt ha, aagseh het er mers, gschmöckt het er das, un i bi abghocket u ha mis Stück vorgspiut, u bi jedem Fähler, un es si viu gsi, het der Vido der Chifer zämebisse, bis es em der Nuggi usegjagt het u är gseit het, so bringi das gar nüt, schad um ds Gäud sig das, schliesslech choschti jedi Stung vierezwänzg Franke, i söu mer das mau vorsteue, vierezwänzg Franke, u i söu a mini Eutere dänke, a mi Vatter, wo jede Franke mit herter Arbeit müess verdiene, u i söu doch a aui di Ching dänke, wo gärn i d Klavierstung würde, wo gärn würde lehre Klavier spile, we si nume dörfte, aber nid chöi, wiu d Eutere ds Gäud nid hei derfür. Kämpfe müess me, het der Vido gseit, nüt wärd eim gschänkt im Läbe, nüt gäbs gratis u üebe sig nüt angers aus kämpfe.

I hätt gar nid wöue, dass mir ds Klavierspile gschänkt würd, i hätt nämlech viu lieber Gitarre glehrt, aber won i mit der Mueter e Gitarre ha wöue ga choufe, het der Verchöifer mini Häng aagluegt u gseit: Z chlii – i söu imne Jahr wider cho. De haut Klavier, het d Mueter gseit, u zwo Wuche speter isch das Burger ir Stube gstange.

Kämpfen, mein Junge, kämpfen wie auf dem Amselfeld!, het der Herr Vido gseit, u we anno drizähnüünenachtzg mir Serbe nid gäge d Türke kämpft hätte, wär hütt ganz Jugoslawie muslimisch. Ja, ganz Europa wär hütt muslimisch, we mir uf em Amsufäud nid gwunne hätte, nid aues ggä hätte, u är het sech ufgregt wi drizähnüünenachtzg, wo d Türke si cho. Merci säge chönn Europa de Serbe für das, merci! I ha kes Wort verstange u bi froh gsi, dass d Zit umegeit, ha mit em Zeigfinger Schlangelinie uf d Klaviertaschte zeichnet, frömd si si enang gsi, mini Finger u d Klaviertaschte, u der Vidovdanovic het sech i nes Züüg inegredt, für ihri Freiheit heige si denn kämpft, het er gseit u het mit der Fuuscht uf e Klavierdechu ghoue, dass es im Chaschten inn gschärbelet het. Heiliger Vidovdan!, het er zur Dili ufe grüeft, ohni dini Hiuf hätte mer di Osmane nie z Bode bracht!

I ha gfragt, öb d Stung fertig sig. Nüt isch, het der Vido mit grossen Ouge gseit, itz wird kämpft! U är het mit beidne Häng uf d Taschte ghoue u wi ne Wahnsinnige zum Aagriff blase. Jede Viertu e Köileschlag uf e Schädu, jede Achtu e Morgestärn i ds Gsicht, jedi

Triole e Lanze i Ranze! Itz zie mer i d Schlacht, het er gseit u fortissimo Akkörd aagschlage, jedes Staccato e Stei uf e Gring, jedes B e Schlag i Mage, jedes Chrüz e Stich i ds Härz. Itz du, het der Vidovdanovic zu mir gseit, un ig ha aafa spile, Ton für Ton, Viertu für Viertu, schön langsam, nume ke Fähler mache, guet so, het der Vido gseit, prima so, u tatsächlech isch es ds erschte Mau gsi, dass mi der Vido globt het, witer so, het er gseit, u aaschliiche, iikreise, ushole u zueschla, zuestäche, zuegriife, zuedrücke. Ds Stück isch mer souguet gloffe, isch scho gäge ds Ändi zueggange, aber da touche plötzlech Widerholigszeiche uuf. Da capo!, het der Vido grüeft, der Find isch no nid bodiget, un ig no einisch, itz i zügigem Tämpo mit mine Finger über das Amsufäud zoge, tapfer drigschlage bis am Schluss, zwöiten Usgang al fine, no ei Achtustriole, Viertuspouse und: Schlussakkord!

Der Herr Vidovdanovic isch näbe mir uf d Chnöi. Heiliger Vidovdan, steh uns bei!, si sini letschte Wort gsi. Für ihn ischs sicher e schöne Tod gsi.

Senioreträff

Minischtriert het der Wauter, minischtriert, wi me no säute öpper het gseh minischtriere. Liideschaftlech. Mit Inbrunscht u Eleganz. Är heig ds Minischtriere gliebt, het der Wauter gseit, würklech gliebt. Ds Aazünde vor Blitzchole, ds Schwänke vom Wiirouchfass, bis er vom Rouch fasch sig ohnmächtig worde. Di ganze Mässritual, ufstah, abhocke, härechnöile u wider ufstah u wider abhocke u d Sprächgsäng, d Lieder, di ganz Choreografii vor römisch-katholische Liturgii. Suber schaffe, het der Wauter gseit, heig är ir Chiuche glehrt. We mau öppis i d Hosen isch, wen er bir Wandlig z früech oder z spät glöggelet het, het ne der Pfarrer Aebnöter nach der Mäss so lang i ds Ohrläppli gchlemmt, bis er drü Ave Maria abebättet het gha. So heig mes glehrt, het der Wauter gseit. Dä Fähler sig der nume einisch passiert.

Nach der Lehr heig er sech de für angeri Sache aafa interessiere. Für Froue u fürs Tanze. Foxtrott, Rumba, Cha-Cha-Cha, das sig em eifach besser iigfahre aus *Näher, mein Gott, zu Dir*. Aber d Ritual sige gar nid viu angersch gsi aus im katholische Gottesdienscht. Groukt heige si, gröber aus es Wiirouchfass. U gsunge! Gsunge, dass der Pfarrer Aebnöter sini wahri Fröid hätt gha. U zwüschdüre sig eine i d Chnöi. Är sig de us der Chiuche uströtte u d Ustrittsbestätigung heig er la rahme u über sim Schribtisch ufghänkt. Aber hütt, nach sire Pensionierig, überleg är sech ärnschthaft, wider biizträtte. Är heig ja chürzlech e Tunesiereis gmacht u sech dert i d Fatima verliebt, u da heig er sech e Momänt lang überleit, zur Konkurränz z gah. Mit der Fatima sigs de leider nüt worde u mit em Islam o nid, aber sider dänk er öppe drüber nache, was es eigentlech mit dene Religione uf sech heig. U eis sig ihm aus Marketingspezialischt klar: Punkto Spiritualität heig di katholischi Chiuche scho lang nümm ds Monopol, da müess me ihm nüt verzeue. I däm Gschäft sig d Konkurränz riisig worde un es gäb mittlerwile eifach besseri Produkt uf em Markt. Ds Chärngschäft vo de Chrischte sig hütt nümm ds Seeleheil, sondern ds Engagement für di Randständige, für di Aute, für di Junge u für d Usländer. Dert, wo sech der Staat tüeg futiere oder won em ds Gäud usgöng, springi hütt d Chiuche ii. Chocht Suppe für Drögeler, macht Usflüg mit de Seniore, steut de Gäziwiler Soulsingers der Luftschutzchäuer vom Chiuchgmeindhuus aus Üebigsruum zur Verfüegig u organisiert es Multikultifescht uf em Dorfplatz. Das sige itz nume Bispiu, aber i wüss ja, was er meini. U drum überleg är sech itz, wider biizträtte. Itz won är wäg der Huft bim Cheguklub heig müessen höre, chönn er chli Gseuschaft bruuche. Göng de äuä zu de Proteschtante, är sig ja nümm guet z Fuess u denen ihres Säli sig grad bi ihm um en Egge. U är heig ghört, der Gaffee, wos im Senioreträff vor Pouluschiuche gäb, sig witume eine vo de beschte.

Brunette Alpin

Si sig uf jeden Usflug mit im Autersheim Sunneblick, het mini Grossmueter gseit, heig gäng am Jassturnier mitgmacht, hüüfig gwunne bim Differänzler u gäng derbii gsi bim Oschtereierfärbe u am lütischte gsunge bim Liederaabe. Gäng gärn derbii gsi ar Wienachtsfiir u uf em Muetertagsfährtli u bim Pfingschtspaziergang, u sogar a d Gottesdienschte sig si u heig ds Hörgrät iigschaute, obwou si früecher nie i d Chiuche sig. Heig gäng aues ggässe, wo im Sunneblick uf e Tisch cho sig, u nüt gseit, we ds Gmües nid weich sig gsi, u sogar ar Modeschou heig si mitgmacht, aus Eutischti notabene, heig gärn im Garte mitghoufe, bir Ergotherapii gäng motiviert mitgmacht, gäng d Chüngle gfueret u sig zu aune fründlech gsi. E vorbiudlechi Pensionärin sig si, heig nie reklamiert, u itz das. Itz so öppis, itz so ne Chlapf a Gring: Chunnt d Frou Scherteleib mit so öppis, chunnt di nöji Autersheimleitere mit däm, das chönn si nid verstah, dass die itz meint, aus müess angersch wärde u jede söu merke, dass im Sunneblick itz es nöis Vögeli pfiift, het die ds Gfüeu, si müess im Ässsaau itz, si chönn das nid begriife, es Rouchverbott iifüere.

Sit si im Sunneblick sig, heig si nach em Zmittag ihri Brunette Alpin dinne groukt u derzue es Jässli gmacht u niemer heigs gstört, gar niemer, im Gägeteil, fein heig das gschmöckt u guet sigs gsi für d Verdouig u für d Stimmig, u itz fertig! Itz plötzlech fertig

Brunette, me chönn use ga rouke, hets gheisse. Aber dusse hocki me ganz alei uf emne füechte Bänkli u früüri un es chiem eifach ke Fröid uuf, so z rouke. U ersch im Winter, si dörf gar nid a Winter dänke, wo glii chöm. D Frou Scherteleib chönn de d Verantwortig übernäh, we si wäge däm Rouchverbott e Lungenentzündig überchöm, u si sig zwar ke Dokter, aber we öppis ungsung sig, sigs dusse rouke.

Aber mittlerwile isch mini Grossmueter di einzigi gsi, wo no im Ässsaau isch ghocket. D Frou Scherteleib isch inecho u het gseit, Frou Brächbüeler, es wär de Zit für ds Cherzezie.

Stärnesäli

S het nüt ggä, wos im Stärnesäli nid scho ggä hätt. Toufi, Konf, Verlobig, Hochzit. Der Sächzigscht vom Öttu, der Achtzigscht vom Vättu u di goudigi Hochzit vor Tamara u vom Christoph. U Grebt. Nach jedere Beärdigung isch ds Stärnesäli brätschet vou gsi. Es Grebtässe het der Stärnewirt uftischt, wi mes witume niene gseh het. Di Würscht. Dä Hamme. Di Chaubsgringe. Dä Côtes-du-Rhône. Nach der Beärdigung i Stärne, het der Pfarrer de Hingerblibene befole, aues angere wär reschpäktlos.

Im Stärnesäli het me Lotto gspiut, het der Männerchor ds Theater ufgfüert, der Schützeverein sini GV abghaute, d Füürwehr nach der Üebig der Durscht glöscht u der Cheguklub si Stamm gha. Im Stärne sige schiints sogar scho Scheidige gfiiret worde.

Der Stärnewirt isch gäge sächzgi ggange u gsundheitlech no zwäg, u der Stärne isch gloffe, är het chönne zfride si. Am Mittag hei d Büezer für vierzänifüfzg Hackbrate u Stock mit emne grüene Salat übercho, am Namittag isch der Gmeinnützig Froueverein cho Gaffee, Nussgipfu näh un am Aabe isch me i Stärne i ds Firaabebier. Pouse het der Stärnewirt nid kennt. Vom Morgen am achti bis zur Polizeistung isch är uf de Bei gsi. Ir Chuchi, hinger em Buffet, ir Gaschtstube u im Säli.

Einisch amene trüebe Novämbermorge, der Stärne no läär, der Wirt ir Chuchi am Gmüesschnide, us de

Lutsprächer verzeut eini vom Lokauradio öppis vomene Hockeymatch, geit d Tür uuf, un e Maa mit emne Aktegöferli chunnt ine. Är isch a nes Tischli ghocket, der Chittu het er annbhaute, u het es Tee Crème bsteut. Es schöns Restaurant heig är da, het er zum Stärnewirt gseit, wo dä nem ds Tee uf e Tisch gsteut het. Auerdings, är müess em das bi auer Sympathii, won är für ds Traditionelle heig, säge, u är söu das ja nid öppe persönlech näh, me wüss ja, dass me mängisch vor luter Böim der Waud nümm gsei u dass es überau, würklech überau, mit der Zit e gwüssi Betribsblindheit gäb, dass me sech mit der Zit, u das sig normau, das sig es ganz normaus psychologischs Phänomen, wo jedem, aber würklech jedem chönn passiere, dass me sech a gwüssi Sache eifach gwöhni, ohni se z hingerfrage, ja, ohni se überhoupt no z gseh, u i däm Zämehang würd är ihm wi gseit bi auer Sympathii gärn säge, dass di Vermicelles-Chärtli uf de Tische, dass die doch zimlech old-fashioned sige.

Itz ischs e Momänt lang stiu gsi im Stärne. Der Wirt het uf ds Vermicelles-Chärtli gluegt, wo näb em Tassli vo sim Gascht isch gstange, uf das Cartonzäut mit em Vermicelles mit Nidle umene Chirschi druff, im Hindergrund e Chegele un es unscharfs, grüens Blatt.

Excusez, är heig sech no gar nid vorgsteut, Rickli sig si Name, het der Herr Rickli gseit, hie sig sis Chärtli, Charly Rickli, säubständige Gastronomiiberater. Der Stärnewirt isch näb em Rickli gstange u het sech hinger em Ohr gchratzet. Dä Tipp sig itz no gratis gsi, aber är würd em gärn es Konzept mache für e Stärne, es umfassends, integrals Gsamtkonzept, het der Charly

Rickli gseit, wiu d Vermicelles-Chärtli, är müess es ehrlech säge, sige nid ds Einzige, wo me im Stärne müesst überdänke. Zum Bispiu di Sächzgerjahr-Stoffnägeli ir Vase u d Ménages uf de Tische oder di bruune Vorhäng im Säli. Auso iirichtigsmässig gsäch är hie no einige Bedarf. Viu müesst me nid inveschtiere, es gieng vor auem um ds Enrümple, um ds Usewüsche, u da bruuchis es fachmännischs Oug, so ne Ruumete müess me à fond plane. Der Stärne bruuchi es innenarchitektonischs Facelifting, e mobiliari Verjüngigskur, es professionells Interieur-Coaching.

Är wüss nid rächt, het der Stärnewirt gseit. Sini Chundschaft heig uf au Fäu no nie öppis gseit u är wöu da nüt überjufle. Är müess da äbe chli witerdänke, chli über sini Nase useluege, het der Rickli gseit, es nöis Chundesegmänt aaspräche, öppis biete für di Junge, für di Gsundheitsbewusste, für d Nöizuezüger, für d Tai-Chi-Gruppe, für d Vättere, wo mit ihrne Bébés im Tragtuech ungerwägs si. Oder das Buffet, luege mer mau das Buffet aa. Vou mit Bierfläsche, e ganzi Fäudschlössliarmee – me het ds Gfüeu, hie inn gäbs nüt aus Bier, u öb är zum Bispiu Grüentee heig, es gäb hütt o Lüt, wo lieber es Grüentee heige aus es Chübeli, lieber es Chai-Tee aus es Café Crème, en Ayurvedajoghurtdrink statt e Ballon Mont-sur-Rolle. Är söu mau a d Zuekunft dänke. U d Zuekunft vom Stärne – die heig grad hütt aagfange. U der Herr Rickli, wo sech zimlech i nes Züüg gredt het, het mit rotem Chopf no einisch Luft ghout u gseit, es göng hie um nüt weniger aus um sis Image, jawohl, um sis Image! U de isch fertig gsi, Härzinfarkt Rickli, aus, amen. Das hesch itz dervo, het der Stärnewirt gseit. Serige Stress abla für nüt u nomau nüt, u är het der Rickli afe mau i d Gfrüüri ta.

Ar nächschte Grebt, es isch di auti Frou Röthlisbärger vor Chäsi gsi, wo fridlech het dörfen iischlafe, hets de im Stärnesäli zur Vorspiis es unerchannt feins Süppli ggä, wo me im Dorf no lang dervo verzeut het.

Töfflitour

Wo der Hans-Ruedi Hess im Autersheim Vorhöfli isch achtzgi worde, isch ne e Journalischtin vom Lokauradio cho bsueche. Si het ne gfragt, was är i sim Läbe so gmacht heig, was ihn prägt heig.

Öppis vom Schönschte, het der Hans-Ruedi Hess gseit, sig di Töfflitour gsi, wo si im Summer vieresächzg gmacht heige. Vo Langnou uf Schangnou sige si denn u vo dert übere Schalebärg, am Thuner- u Brienzersee entlang, über e Brünig u vo Sarne via Gloubebärgpass wider zrügg uf Langnou. Der Pfyfouter Toni, der Langenegg Fritz u är.

Das sig doch e wunderschöni Gschicht, het d Journalischtin gseit, und öb är no öpper möcht grüesse.

D Töffli heige si de no frisiert, es Choubefänschterli usegsaaget u der Uspuff usbohret, dass es chli rächt tönt heig. U natürlech gäng ohni Heum gfahre, das sig no Freiheit gsi.

Das sige äbe no angeri Zite gsi, het d Journalischtin gseit, u äbe: Öb är no gärn öpper möcht grüesse.

Ja wär o!, het der Hans-Ruedi gseit. Är kenni ja niemer meh. Rundume sig aus gstorbe u di einzigi Tochter chiem ne nie cho bsueche. Aber wen är no einisch chönnt uf nes Töffli stige. No einisch chönnt uf somne frisierte Schnäpper es Tüürli mache. Aber äbe, vo dene drei, wo si denn sige gsi, sig är der Einzig, wo no läbi, u mit au dene Vorschrifte hütt sigs ja o nümm würklech luschtig.

Da wärde sech d Hörerinne u Hörer fröie, het d Journalischtin vom Lokauradio gseit, so ne rüschtige u ungernämigsluschtige Räntner dörfe z ghöre, u zum Schluss wett si gliich no einisch frage, öb er nid doch no öpper wett grüesse.

Wen är sech itz vorsteui, dass da vor em Pflegheim es Töffli stieng, het der Hans-Ruedi Hess gseit, är würd gloub nid lang überlege, der Rucksack packe, und adiö zäme. U denn würd är de gärn d Pflegheimleitig grüesse. Bsungers der Finanzchef Brunner. Adiö, Herr Brunner, würd er em de säge, dir chöit mi Platz itz witergä.

Ds Hohganttoggeli

Schwär isch er gsi, der Chäs, wo ds Hohganttoggeli vom Grätschbode i sini Höhli treit het. Mit em Puur isch das so abgmacht gsi, sit me sech ma bsinne. Der erscht Chäs, wo uf der Aup gmacht wird, ghört am Toggeli u derfür gits der ganz Summer dür guete Chäs. Scho der Melchior Egli vom Obere Schopf, e Vorfahr vo mim Urgrossvatter vattervattersits, het vo däm Handu i sis Tagebuech gschribe. Gseh het das Toggeli nie öpper. Aber der Chäs, wo der Senn am Aabe vor d Hütte gleit het, e schöne, gäube Füfkilöner us roher Chuemiuch, isch am angere Morge gäng verschwunde gsi. Und uf der Grätschbodenaup isch nie o numen ei Chäs kabutt ggange. D Bärgpure, wo denn no säuber z Aup si, hei vom Chäshändler z Langnou en aaständige Batze übercho derfür u a serige Märittage isch de aube di ganz Familie mitsamt de Chnächte u Mägd mitggange, un e schöne Teil vom Verdiente isch grad wider verggänggelet worde. Me het Pfiifetubak gchouft, Zucker, Stöff, Sägessebletter u für d Ching Bäredräck.

Der Ober Schopf isch vo jedere Generation a jüngscht Sohn witerggä worde. Me het bescheide gläbt, aber me het vom Heimet gläbt, vo däm, wo ds Pure härggä het. So isch es gsi bis irgendeinisch nach em Chrieg. Mi Vatter isch der Erscht gsi, wo het müesse aafa rächne. Plötzlech het me Sache bruucht, wo choschte. Är isch der Erscht gsi, wo im Winter am nöi boute Schilift isch gstange, für öppis derzue z verdiene. Der Erscht, wo im Summer nümm säuber z Aup isch ggange, sondern e Studänt aagsteut het. Am Aafang isch der Vatter aube no uf e Grätschbode mitggange u het am Studänt zeigt, wi me tuet mäuche u chäse. Nach zwe Tage isch er wider i ds Tau, u Telefon hets kes ggä. Aber der Vatter het gwüsst, dass es guet chunnt, wiu der erscht, früschgmacht Chäs hei si wie abgmacht vor d Tür gleit, u ds Toggeli het ne ghout.

We ds Veh uf der Aup isch gsi, heis d Eutere chli weniger sträng gha uf em Hof. Der Vatter het nüünzähhundertachtesächzg e Lambretta Kardan gchouft u isch am Sunntig aube mit üs ga usfahre. Einisch bin i mit em Eiachser i sini Lambretta gfahre. Si isch umkippt u het e Püle im Tank gha. Der Vatter het mer vier Chläpf a d Ohre ggä u het mer vorgrächnet: Für dä Töff het er zwöihundertfüfzg Stung müessen am Schilift stah. Zwöihundertfüfzg! Für das sige vier Ohrfige eigentlech no z weni. U so ha de o ig ds Rächne glehrt.

Der Studänt het fliissig gchäset u isch ds Jahr druuf wider cho. Är het itz meh Lohn wöue. I ha zueglost, win em der Vatter ir Stube erklärt het, är chönn froh si, dass er der ganz Summer ar früsche Luft chönn si, u sogar sini gschiide Büecher chönn mit ufenäh u eigentlech müesst er em für di Auphütte uf em Grätschbode no ne Mietzins höische. Der Studänt het der Gring iizoge u der Vatter het vor luter Ufregig vergässe, ihn a Chäs fü ds Hohganttoggeli z mahne.

U würklech het der Studänt der aut Bruuch vergässe. Ersch am angere Morge isch er em wider z Sinn cho. Är het der erscht Chäs am zwöiten Aabe voruse gleit u dänkt, so göng das sicher o, aber der Chäs isch am nächschte Tag no gäng vor der Tür gläge. U o d Nächt druuf isch ds Hohganttoggeli nid cho u der Chäs isch blibe lige. U so isch es haut cho, wis het müesse cho. Ds Chäse uf der Aup isch gäng schwiriger worde. Ds Gschir isch nid richtig suber worde, ds Lab het d Miuch nümm wöue teile, d Chäsmasse isch derewä dünn gsi, dass si mitsamt der Schotte dür ds Chästuech isch grunne, ds Järb isch vonanggheit u im Chäschäuer het sech über e ganz Chäs e graugrüene Schimmu gleit. Der Chäs het me nümm chönnen ässe. Är isch schliimig gsi u het nach Bschütti gstunke. Der Studänt, wo nümm ii u uus het gwüsst, het mer de amne Sunntig, won i ne mit ere Fläsche Bäzi im Rucksack bi ga bsueche, aues verzeut u mer der Chäschäuer zeigt. Mi hets tschuderet – d Miuch vom ganze Summer isch verlore gsi.

Mir hei zäme der Bäzi trunke, da han i plötzlech en Idee gha. En Aupchäs, wo vomne Toggeli verwunschen isch gsi, so öppis han i no gar nie gseh, so öppis gits no niene. I kere Chäsi, uf kem Märit u bi kem Affineur de Fromage. E Marktlücke, han i gseit, mir si riich! U der Studänt het i sis Heft es Label zeichnet für *Alpkäse, vom Toggeli verwunschen* und ig ha grächnet u grächnet u grächnet. Derwile het aber ds Toggeli dür e Türspaut glüüsslet u zueglost, was mir rede. U da isch es heilandsakramänts verruckt worde. Es het ggöisset u uf e Bode gstampfet. Mir si z Tod erchlüpft u hei zur Tür gluegt, hei aber nume si riisig Schatte gseh, wo der Mond i d Stube gworfe het. Am angere Morge isch der Chäschäuer läärgruumt gsi. U der Studänt isch gruusam bestraft worde: Är het für immer und ewig ds Läse verlehrt.

D Grätschbodenaup am Fuess vom Hohgant isch nie meh bestosse worde u isch vergandet. We me z Schangnou nachefragt, wott sech hütt aber niemer meh a di Gschicht erinnere.

Velomech

Über em Iigang vor Wärchstatt isch e Karikatur ghanget: E Maa het sini Hoseseck gäg use gchehrt, är het offesichtlech ke Gäud me gha, u drunger isch gstange, dä Maa heig gäng di gröschte Kredite ggä. Wo der Dänu aus Gieu bim Herr Möschler sis Velo het la flicke, het er sech keni Gedanke drüber gmacht, het eifach aube das Biud aagluegt u der Spruch gläse, het gwartet, bis der Möschler ändlech unger grobe Flüech der Schrubeschlüssu abgleit het, hinger em Velobock isch fürecho, gnärvt, dass er bi sir heikle Operation gstört wird. Är het sini Häng gwäsche u ohni der Dänu aazluege der Arbeitsrapport uf em Gepäckträger vo sim Haubrenner ghout, vo Hang zämezeut, u bevor er gseit het, was es choschtet, isch er zu sir eigentleche Mission cho: di grossi Predig zum Thema Velopfleg. Putze, schmiere, Sorg ha, das isch sis Credo gsi, won er am Dänu i de verschidenschte Usfüerige zum x-te Mau vorbättet het: We me chli meh tät u würd u was das wider choschtet u wär das zali u was aues chönn passiere mit emne Velo imene serige Zuestang und so witer.

    Zum Velomech z gah isch drum jedes Mau e Gang nach Canossa gsi, e Bitt- und Buessgang, wo gäng dermit aagfange het, dass ihm der Möschler gseit het, es serig dräckigs Velo flick är nid, u dermit ufghört het, dass er vom Möschler, won er wider uf em gflickte Velo ghocket isch, zum Abschid e Soucheib vomene Zwick a d Ohre het übercho.

Der Dänu het nach der Schueu de d Lehr gmacht uf der Spar- und Leihkasse Bipschal, wo bi den Iiheimische nume *ds Kässeli* gheisse het, dert, wo der Dänu o sis erschte Konto het gha, es Jugendkonto mit sagehafte Zinse, u der Dänu isch nach der Lehr no nes paar Jahr am Schauter gsi, isch när im Backoffice verschwunde, isch Gschäftschundeberater worde u het d Kredite vom Kässeli verwautet u eines Tages isch d Tür ufggange u inecho isch der Möschler. D Wärchstatt loufi nid guet, het er gseit, es sig nümm wi früecher, aber är wöu nid jammere, heig sech itz entschlosse, si Lade umzboue, z renoviere, z modernisiere, u das sige Inveschtitione, da müess me Gäud i d Finger näh, das sig nid gratis, choschti soundsoviu u är heig nume soundsövu u drum bruuch är e Kredit u lohne würd sech das uf au Fäu für d Bank, das Gäud wär glii wider dinn, het der Möschler gseit, u mit em Zins mieche si no nes Gschäft, ohni derfür öppis z schaffe.

Wos de um ds Ungerschribe vom Kredtivertrag isch ggange, het der Dänu e churze Momänt zögeret, e Sekunde nume, het de aber si Job korräkt gmacht u adiö gseit, un är wünsch em aues Guete u danki für ds Vertroue un e schöne Tag no. Der Möschler isch ufgstange, u bevor er zur Tür usen isch, het er zum Dänu gseit, är heig de übrigens dusse sis Velo gseh. Das sött me de dringend wider mau putze u schmiere.

Mail

Won i letschti mini Grossmueter im Autersheim bi ga bsueche, han i nid schlächt gstuunet: Hocket mis fasch nüünzgjährige Grosi doch tatsächlech vor emne Laptop u strahlet mi aa. Hättsch nid dänkt, gäu, het si gseit, dass i das no mau lehre! Dä Computer heig si vom Herr Brand, das sig dä vom Zimmer näbedrann, dä mit em grosse Schnouz, dä, wo früecher z Thörishuus ihre Nachber sig gsi. Der Herr Brand heig sech drum e nöie gchouft u si heig de der aut übercho un i söu doch abhocke, si sig no grad am Föteli ordne, es gieng nümm lang.

Öb mer nid lieber es Gaffee wette ga näh, han i gfragt, de chiem me chli unger d Lüt, i heig ds Gfüeu, das würd ere no guettue. Jaja, si chöm grad, het mini Grossmueter gseit, si wöu nume no schnäu ihri Mails checke, das göng nid lang. U scho isch si im Mailprogramm dinn gsi u het gmurmlet: Scho wider nöji Wisige vor Heimleitig. Dä Seich wird vo itz aa i Spamordner gleitet, fertig Schnätz. Zwöimau Klick, u scho isch das erlediget gsi. Lue da, het d Grossmueter gseit, es Mail vom Herr Brand. Vom Herr Brand?, han i gfragt. Dä vom Zimmer näbedrann? Wiso schickt dä dir es Mail? Dä chönnt doch eifach übere cho! Steu der vor, het d Grossmueter gseit, bis der Herr Brand si Rollator zu mir gschobe het. Da isch es Mail scho lengschtens hie u mini Antwort scho wider zrügg. U si het sofort aagfange, es Antwortmail z schribe. Was itz mit däm Gaffee sig, han i gfragt. I sig e Stürmi, het mini Grossmueter gseit, un i söu no ne Momänt Geduld ha, si müess nämlech no öppis google wäge Diabetes. Der Dokter heig da letschti öppis verzeut vomne HbA1c-Wärt. Si heig em gseit, bevor me über nöji Medikamänt redi, wöu si sech säuber informiere. Öb si ds Gfüeu heig, dass Google meh wüss weder der Dokter Huwyler, han i se gfragt, aber si het scho der Browser offe gha u nüt meh ghört.

I bi uf ds Sofa ghocket u ha dänkt, dä Namittag sig äuä gloffe u d Grossmueter bring me hütt nümm vo däm Chaschten ewägg. I däm Momänt machts Bing! u d Grossmueter rüeft: Es Mail vom Herr Brand! Öb i mit em i d Cafeteria chöm. U scho het si d Schue anngha u zue mer gseit: Chumm! De chunnsch wider mau unger d Lüt.

Carchauffeur

Sit bau driissg Jahr het der Sigethaler bi Marticar gschofförlet, isch mittlerwile Kilometermillionär gsi, isch überau scho gsi, het ir Schwiz jeden Egge kennt, jedes Beizli, jedes Strässli, jedi Tanksteu, jedi Sehenswürdigkeit u jedi WC-Aalag. Isch o im Usland gsi, het Schwarzwaud, Eusass, Vorarlbärg gmacht, isch a Wienachtsmärit gfahre, isch i d Schigebiet gfahre, isch zu de Schlösser gfahre, Chillon, Grandson, Valangin, Tarasp. Gäng usgschlafe u vou konzentriert, nie e Schluck Aukohou het der Sigethaler trunke, het gwüsst, dass es das nid ma lide, u gäng di vorgschribene Pouse gmacht u gäng e subere Fahrteschriber gha. Angscht, dass öppis chönn passiere, heig är nid, het der Sigethaler gseit, aber Reschpäkt, das scho. Reschpäkt sig wichtig, dass me gäng vou konzentriert blibi u dass me gäng vor Ouge heig, was me hinger inn heig.

Är isch i ds Blaue gfahre, uf Grüene, uf Basu, Locarno, Luzärn. I ds Lavaux, uf Ruscht u i ds Chloschter Eisidle. I d Swissminiatur, i ds Schoggimuseum und a d Appezäuer Landsgmeind. Gäng e guete Luun, gäng ufgruumt, gäng ufgsteut. Trümmubachfäu, Ängschtligefäu, Stoubbachfäu. Kaiserougscht, Aventicum, Grande Dixence und Alpamare, Etang de la Gruère. Het Schueureise gmacht, Vereinsreise u Gschäftsreise. Näbe ihm, uf em Biifahrersitz, Fuessmassagegrätverchöifer, Reisefüerer u Lehrerinne, Pfärrer, Vereinspresidänte u Fussbautrainer, Jungwachtleiter, Pfadifüerer u Aktivdienschtler. Schueuklasse,

Cheguklübb u Ehemaligi si mitgfahre, Turner, Veterane u Politiker. Är het Jassfährtli, Lottofährtli u Minigouffährtli gmacht, isch i ds Technorama, i ds Papiliorama u i ds Bourbaki-Panorama. Isch gäng fründlech gsi zu aune, zu de Früeräntner i ihrne funktionale Chleider, wo der Fahrplan uswändig chöi u jedi Hautsteu kenne, zu de Schüeler, wo d Sitze dräckig mache u dür d Aalag vom Car ihri eigeti Musig wei lose, u o zu de Lehrer, wo uf Romainmôtier i d Witerbiudig göh u der schnäuer Wäg gwüsst hätte aus är. Het Wasser i sim Car gha, Cola, Trubezucker u Chotzseck für au Fäu.

U Problem, het der Sigethaler gseit, sige da zum Löse. Schirm vergässe, lätze Nachber, Schlächtsii, Hunger, Durscht u Fieber. Gringweh, Heiweh, es schreiends Bébé, kabutti Hose, platzti Chräge u Närve dünn wi Fäde. Der Sigethaler lat sech nid la drusbringe, blibt rueig, het Geduld, het Verständnis, het Ersatz u stüüret si Car dür aui Stürm sicher wi uf Schine.

U so isch es o a däm 13. März gsi, mit ere Schueuklass isch er z Bouveret gsi, d Schüeler lut u ufdrääit, aber der Sigethaler d Rue säuber wi gäng. Si si i Aquaparc uf d Wasserrutschbahne u är isch i Vapeur Parc zu de Modäuisebahne. Am Aabe uf der Rückfahrt isch es stiu gsi, d Ching si müed gsi vom Bade, der Sigethaler het ds Kabineliecht dimmet, der Tämpomat ineta u isch über di lääri Outobahn heiwärts gfahre, het der Radio aagla, u da, i den Aabenachrichte, ghört är, dass uf der A9 im Sierre-Tunu e belgische Reisecar verunglückt sig, achtezwänzg Toti heigs ggä. Wo si daheim si aacho, het er dür ds Mikrofon gseit, si söui nüt vergässe u är wünsch e gueti Nacht u adiö mitenang u häbet Sorg!

Är isch i ds Depot gfahre, het si Car bschlosse, am Dischponänt im Büro der Schlüssu uf e Tisch gleit u gseit, sälü, das wärs de gsi. U isch nie meh i ne Car gstige.

Teresa

Jeden Aabe uf em Linegrat isch der Hans am Houzspaute, Schit für Schit, u wen er ds Bieli über em Chopf ufziet, luegt er i d Witi u gseht ds Stockhorn. U abe mit em Bieli u düre dür das Houz un es nöis Schit uf e Totze u ufzie u wider ds Stockhorn gseh u abe mit em Bieli u ufe u jedes Mau ds Stockhorn gseh. Der Bueb hiuft em, u wes aafat iidunkle, hocke der Hans u der Bueb uf ds Bänkli, u der Hans seit zum Bueb, lue dert, dä, wo usgseht wi ne Zang, das isch ds Stockhorn. U hinger em Stockhorn göngs witer, o we me das vo hie nid gsäch, u der Bueb het gfragt, was de hinger em Stockhorn chöm. Dert chöm Italie, het der Hans gseit, ds Väutlin, u das heig früecher mau zur Schwiz ghört, u im Väutlin gäbs guete Wii u schöni Froue. So wi der Hans driluegt, müess das öppis ganz Bsungrigs si, het der Bueb dänkt.

E wunderbari Trube wachsi dört, het der Hans gseit, u der Sforzato sig öppis vom Beschte, won är je trunke heig, wi Honig göng dä der Haus zdürab, aber der Napoleon heigs üs vor zwöihundert Jahr gstole, u sider ghöri das Väutlin zum Usland u sig drum wit ewägg u Sforzato gäbs ir Schwiz niene. Un es sige itz scho über vierzg Jahr här, dass är dert sig gsi, won är aus junge Gieu, früsch vom Purelehrjahr, mit der Schwizer Chnächtekongregation e Reis heig gmacht. Über e Berninapass dür ds Puschlav sige si u hinger abe uf Tirano, u z Sondrio, wo si übernachtet heige, heig är d Teresa troffe. Heig i däm Grottino serviert, sig ihm sofort ufgfaue, es wunderschöns Lache heig di Teresa gha, u si heig ei Haubliter nach em angere bracht, es sig gäng luschtiger worde, u är heig nume no Ouge für d Teresa gha. E Frou sig das gsi, win er speter nie meh eini troffe heig, kes Wunder, sig är ds Läbe lang ledig blibe, het er zum Bueb gseit. We d einisch so ne Teresa troffe hesch, e Frou, wo d weisch, das isch se itz, ohni Zwiifu, u de die nid überchunnsch, wes mit dere nid klappet, we de z schüüch bisch, we si scho bsetzt isch oder we de eifach Päch hesch, de säg i dir eis: Gib di nid mit der zwöite Waau zfride, blib lieber ds Läbe lang ledig. I ha de so viu a di Teresa vo Sondrio müesse dänke, s isch fasch, wi we mer wäre zäme gsi, ha mer usgmale, wi mir zäme rede, zäme lache, ha mer vorgsteut, wi mir Hang i Hang spaziere, uf d Matte lige u i Himu luege, win ig se mit emne Gresli am Haus chutzele u wi si mer es Müntschi uf ds Muu drückt.

Ei Nacht heig si nem gschänkt, het der Hans gseit, u der Bueb het sech nid chönne vorsteue, wi me öpperem e Nacht cha schänke, nid es Sackmässer, sondern e Nacht, u de heig er se nie meh gseh, het der Hans gseit, heig ihre Briefe gschribe, wo si nid beantwortet heig, u numen einisch sig e Charte cho, si heig itz der Tarcisio ghürate u är söu nümm a si dänke u si gönge nächscht Wuche uf d Hochzitsreis uf Venedig.

U de sig är ds auerletschte Mau i ds Usland, het der Hans gseit, heig sis Bärgstigerseili i Rucksack packt, sig uf Sondrio abe u heig vo dört uus der höchscht Bärg, der Pizzo di Coca, bestige. Wiu vo däm Gipfu chönn me bi schönem Wätter schiints bis Venedig gseh.

Inhalt

Chalet Malaysia 5
Kranfüerer 8
Dreiefüfzgi 11
Köllike 13
Sidlig 16
Reportermantu 19
Busfahrer 22
Spiuregle 24
Arvehouz 26
Strassemusig 29
Velorenne 31
Ds Mischtstockfrölein 34
Radio 37
Call of Duty 39
Herrgottsgrenadiere 43
Midwuchnamittag 48
Bügulift 50
Läbere 52
Schrebergarte 54
Läbeskund 58
Abgwäut 61
Burnout 65
Umsidlig 70
Chliikunscht 73
Hunger 75
Schmitte 79
Täfer 83

Sunneblick 89
La Fée 91
John Deere 94
Klavierstung 99
Senioreträff 103
Brunette Alpin 105
Stärnesäli 107
Töfflitour 111
Ds Hohganttoggeli 113
Velomech 117
Mail 119
Carchauffeur 121
Teresa 124